Verlorene Kindheit

Nele Glöer / Irmgard Schmiedeskamp-Böhler

Verlorene Kindheit

Jungen als Opfer sexueller Gewalt

Verlag Antje Kunstmann

Inhaltsverzeichnis

Vorwort

Während unserer Beratungstätigkeit in einer Freiburger Anlaufstelle für sexuell mißbrauchte Mädchen stießen wir vor zirka zweieinhalb Jahren erstmals auf die Thematik der sexuellen Ausbeutung von Jungen. Vereinzelt hatten wir Kontakt zu Familien, in denen sowohl die Tochter als auch der Sohn vom Vater sexuell benutzt worden waren. Je intensiver wir uns in den folgenden Jahren mit der sexuellen Ausbeutung von Jungen beschäftigten, desto häufiger hörten wir von betroffenen Jungen. Parallel dazu lasen wir in amerikanischen Veröffentlichungen, daß viele Täter in ihrer Kindheit selbst sexuelle Mißhandlungen erlitten hatten. Eine ganze Zeit lang sahen wir dann in den betroffenen Jungen vor allem die späteren potentiellen Täter. Das war und ist eine durchaus übliche Haltung gegenüber sexuell mißbrauchten Jungen: Sehr häufig wird beispielsweise argumentiert, daß es wichtig sei, sich um sexuell mißhandelte Jungen zu kümmern, weil diese später Täter werden könnten. Damit wird übersehen, daß Jungen ebenso wie Mädchen zunächst als Opfer sexueller Mißhandlungen zu sehen sind. Für beide gilt es, Partei zu ergreifen und auf ihre Not hinzuweisen. Sexuell mißbrauchte Jungen sind keine potentiellen „Monster“, die später in jedem Fall erneut Kinder sexuell mißhandeln. Obwohl viele Täter in ihrer Kindheit selbst sexuell ausgebeutet wurden, ist der Umkehrschluß, daß alle betroffenen Jungen später zu Tätern werden, nicht zulässig. Amerikanische Therapeuten berichten, daß die Anzahl sexuell mißbrauchter Jungen, die später selbst Kinder sexuell mißhandeln, eher gering ist. Die These, daß viele sexuell mißhandelte Jungen potentielle Täter sind, ermöglicht es, weiterhin an der klassischen Einteilung, die Frauen als Opfer und Männer als Täter definiert, festzuhalten.

Die Aufhebung dieser Einteilung scheint ein großes Tabu zu sein. So konnten wir auf Kongressen immer wieder feststellen, daß Männer weitaus eher bereit waren, sich mit ihrer potentiellen Täterrolle auseinanderzusetzen als damit, mögliches Opfer zu sein. Ein Teilnehmer einer Arbeitsgruppe formulierte dies einmal so: „Ich habe mich immer sehr distanziert mit der Thematik der sexuellen Ausbeutung von Mädchen beschäftigen können. Ich fand das alles sehr interessant und spannend. Jetzt, da ich annehme, daß ich eventuell selbst davon betroffen bin, bin ich völlig verunsichert. Ich weiß überhaupt nicht mehr, was ich denken oder fühlen soll."

Nicht nur Männer, sondern auch Frauen halten an dieser klassischen Einteilung fest. Auch wenn Jungen durchaus als potentielle Opfer sexueller Gewalt angesehen werden, so werden sie – auch von Frauen – sehr schnell wieder indirekt mit den Tätern auf eine Stufe gestellt. Ein beliebter Satz lautet in diesem Zusammenhang: „Mädchen müssen lernen, wo ihre Rechte anfangen, Jungen müssen lernen, wo ihre Rechte aufhören." Dieser Satz wäre noch (begrenzt) verständlich, wenn er sich auf die Situation von Kindern im allgemeinen bezieht. Aber im Zusammenhang mit sexueller Ausbeutung von Jungen zu schreiben, daß „Jungen lernen müssen, wo ihre Rechte aufhören"[1], ignoriert, daß Jungen Opfer sexueller Gewalt sind und sich in der Situation ebenso ausgeliefert und ohnmächtig fühlen wie Mädchen. Ganz schnell werden da aus sexuell mißbrauchten Jungen wieder potentielle Täter, die andere Kinder gefährden.

Synonym für den Begriff des sexuellen Mißbrauchs werden häufig die Bezeichnungen „Inzest“ und „Pädophilie“ verwendet. Wir halten diese Begriffe für ungenau und teilweise mißverständlich und möchten sie aus diesen Gründen in diesem Buch nicht verwenden. Inzest bezeichnet im klassischen Sinne geschlechtliche Beziehungen zwischen Blutsverwandten, auch gleichaltrigen Personen und wird auch als „Blutschande“ bezeichnet. In der öffentlichen Diskussion wird „Inzest“ immer noch mit einer gewissen Aura des erotischen Reizes verbunden. Die Bezeichnung „sexuelle Ausbeutung“ ist wesentlich präziser, weil diese sich ausdrücklich auf sexuelle Beziehungen zwischen Nichtgleichaltrigen bezieht und auch sexuelle Gewalt durch mit dem Kind nicht verwandte Bezugspersonen miteinschließt.

Ähnliche Unklarheiten sind mit dem Begriff der „Pädophilie“ verbunden. Der Begriff „pedophilia“ wird in der amerikanischen Literatur häufig synonym für Täter („sex offender“) allgemein verwendet. Im Deutschen bezeichnen wir dagegen nur diejenigen Männer als „pädophil“, die ausschließlich sexuelle Beziehungen mit Kindern anstreben. Männer, die Jungen sexuell mißbrauchen, haben häufig neben den sexuellen Kontakten zu Kindern auch sexuelle Beziehungen zu erwachsenen Frauen. Der Begriff „Pädophilie“ ist deshalb unpräzise. Pädophilie wird zudem in der Literatur häufig mit „Liebe zu Kindern“ oder „erotische Zuneigung zu einem Kind“ bezeichnet. Eine derartige Definition beschreibt die sexuellen Handlungen nur aus der Sicht des Erwachsenen, der davon ausgeht, daß seine Bedürfnisse mit denen des Kindes identisch sind, und vernachlässigt die Sichtweise des betroffenen Kindes. Von daher ist der Begriff äußerst ungenau und verharmlost zugleich die Aspekte der Gewalt und der Abhängigkeit bei sexuellen Kontakten zwischen Erwachsenen und Kindern.

Im Text verwenden wir oft die Begriffe Täter und Opfer. Beide Begriffe sind problematisch, da sowohl der das Kind sexuell mißhandelnde Erwachsene als auch das betroffene Kind aus einem individuellen, familiären und sozialen Kontext heraus handeln. Dennoch halten wir diese Bezeichnungen für sinnvoll, da sie ausdrücklich klarstellen, auf wessen Seite die Verantwortung für die sexuellen Handlungen liegt. Im weiteren verwenden wir die männliche Form „Täter". Das geschieht, weil nach dem bisherigen Wissensstand häufiger Männer als Frauen Kinder sexuell ausbeuten. Wir möchten damit aber nicht die Tatsache herunterspielen, daß auch Frauen Kinder sexuell benutzen, unter Umständen in weit größerem Ausmaß, als wir es uns jetzt vorstellen können. Im Text ist häufig von Kindern die Rede, da die Dynamik und auch die Folgen sexueller Gewalt für Mädchen und Jungen in vielen Punkten ähnlich sind. Auch kann die ausdrückliche Betonung der Unterschiede zwischen Mädchen und Jungen dazu führen, daß wir uns in unserer Wahrnehmung zu sehr einengen. Beispielsweise galt eine Zeitlang die These, daß Jungen nur außerhalb der Familie, von der Familie nahestehenden Personen sexuell mißhandelt würden, Mädchen dagegen überwiegend innerhalb der Familie. Das führte dazu, daß Jungen, die von ihren Vätern, Brüdern etc. sexuell mißbraucht wurden, ignoriert worden sind. So interessant und wichtig einige Unterschiede zwischen sexuell ausgebeuteten Mädchen und Jungen sind, wissen wir doch bisher zu wenig, um endgültige Aussagen machen zu können.

Jungen werden Opfer sexueller Mißhandlungen. Wir möchten mit diesem Buch dazu beitragen, daß diese Tatsache nicht länger verschwiegen oder ignoriert wird. Über Anzeigen in zwei Tageszeitungen fanden wir Männer, die uns ihre Geschichte erzählten. Einige sprachen mit uns zum erstenmal über ihre Erlebnisse. Sie waren zu den Interviews bereit aus dem Wunsch heraus, daß die sexuelle Ausbeutung von Jungen endlich mehr Beachtung findet und ähnliche Hilfsangebote wie für Frauen auch für Männer aufgebaut werden. Durch ihre Offenheit und ihren Mut haben diese Männer das Buch erst ermöglicht. Eine verlorene Kindheit läßt sich nicht mehr zurückholen. Das Schweigen über das eigene Schicksal zu brechen, bedeutet aber immer auch die Chance eines von Schuld und dem Gefühl des Stigmas befreiten Erwachsenenleben. Wir hoffen deshalb, daß dieses Buch Männer dazu ermutigt, über erlittene sexuelle Mißhandlungen zu sprechen.

Wir danken allen, die uns während der Zeit des Schreibens unterstützt haben.

Jungen als Opfer sexueller Gewalt
Eine Einführung in die Thematik

Obwohl seit Anfang dieses Jahrhunderts vereinzelt Berichte über sexuell mißbrauchte Kinder veröffentlicht wurden[1, 2], ist diese Tatsache sehr lange ignoriert worden. Die Frauenbewegung und später die Kinderschutzorganisationen ermöglichten Anfang der 70er Jahre in den USA das Aufdekken von sexueller Gewalt an Kindern. Lange Zeit war man davon überzeugt, daß es sich bei der sexuellen Ausbeutung von Kindern um ein Problem handelt, das überwiegend Mädchen betrifft. Angeregt durch die amerikanischen Forschungen wurde 1982 in Deutschland die erste Selbsthilfegruppe für sexuell mißbrauchte Mädchen und Frauen, „Wildwasser", in Berlin gegründet. Inzwischen gibt es ein breites Angebot an Literatur und Fortbildungsmöglichkeiten über die Thematik der sexuellen Ausbeutung von Mädchen. Dagegen bleibt der sexuelle Mißbrauch von Jungen in Deutschland bisher weitgehend unbeachtet. Obwohl nach vorsichtigen Schätzungen etwa jeder sechste bis elfte Junge sexuell ausgebeutet wird[3,4,5] und einige Wissenschaftler davon ausgehen, daß wahrscheinlich genausoviele Jungen wie Mädchen sexuell mißhandelt werden[6], hält sich in vielen Veröffentlichungen die These, daß Jungen nur sehr selten Opfer sexueller Gewalt werden[7, 8, 9]. Es fehlen Berichte sexuell mißbrauchter Männer, und es gibt auch nur wenige Veröffentlichungen, die sich explizit mit Jungen als Opfern sexueller Gewalt auseinandersetzen[5, 10]. Sexuelle Gewalterfahrungen sind aber keine Seltenheit, sondern totgeschwiegener Alltag im Leben vieler Jungen.

Auch in der heutigen kritischen Auseinandersetzung mit Freuds „Triebtheorie" werden die männlichen Patienten Freuds, deren hysterische Symptome Freud ebenfalls anfangs auf erlittene sexuelle Mißhandlungen zurückführte, kaum beachtet[2]. 1896 wird zum erstenmal im deutschsprachigen Raum von Freud der sexuelle Mißbrauch von Kindern beschrieben. In allen achtzehn Fällen (sechs Männer und zwölf Frauen) berichten die Patienten von sexuellen Mißhandlungen durch Erwachsene oder ältere Geschwister. Ein Jahr später widerruft Freud seine „Verführungstheorie" und deutet von nun an die von seinen Patienten berichteten sexuellen Angriffe als hysterische, pathogene Phantasien, die auf Gehörtes sexuellen Inhalts zurückzuführen seien[2]. Obwohl Freud sowohl Mädchen als auch Jungen als Opfer sexueller Gewalt beschreibt, werden die letzteren in der heutigen Diskussion seiner Theorie außer von A. Miller[11] nicht mehr erwähnt[9]. Auch hier trifft man auf eine Mauer des Schweigens.

Warum fällt es uns offensichtlich schwerer, Jungen als Opfer sexueller Gewalt wahrzunehmen? Und warum gibt es bisher kaum Erfahrungsberichte sexuell mißbrauchter Männer?

Zum einen liegt es an einer gesellschaftlich tief verwurzelten Rollenerwartung. Wir erwarten von Jungen, daß sie stark und aktiv sind, Situationen kontrollieren und sich wehren können. Von Jungen wird sehr früh eine gewisse Selbständigkeit gefordert. Ein „richtiger Junge" wird mit seinen Problemen allein fertig und braucht keine Hilfe von anderen. Jungen werden dazu erzogen, ihre Gefühle zu kontrollieren und sich, wenn nötig, auch aggressiv anderen gegenüber durchzusetzen. Ein solcher Junge entspricht weitaus eher dem Bild eines „ganzen Kerls“ als einer, der sich zurückhaltend und passiv verhält. Ruhiges, sanftes und ängstliches Verhalten wird oft noch abgewertet, so ein Junge gilt als „Memme“, hat „keinen Mumm in den Knochen“ und verhält sich „feige“. Ein Junge, der sich nicht wehren kann, gilt als „unmännlich“, als „kein richtiger Junge“. Jungen dürfen sich selten schwach zeigen oder über Gefühle wie Angst, Trauer, Ohnmacht usw. sprechen. Aus dieser Rollenerwartung erklärt sich, warum wir Jungen als Opfer sexueller Gewalt übersehen und warum es Jungen schwerfällt, über erlittene sexuelle Mißhandlungen zu berichten.

Dazu kommt, daß männliche Sexualität im Jugendalter als etwas Positives, Abenteuerliches, Aktives dargestellt wird. Sexuelle Erlebnisse zwischen Jungen und Männern werden höchstens als „unpassende sexuelle Spielerei“, die zwischen Jungen und Frauen dagegen als „aufregend“, „besonderes Erlebnis“ oder „Ehre“ bezeichnet. So wird beispielsweise sexuelle Gewalt eines achtzehnjährigen Täters gegenüber einem achtjährigen Mädchen von der Gesellschaft zumindest teilweise sehr ernst genommen, sexueller Mißbrauch eines achtjährigen Jungen durch einen Achtzehnjährigen wird dagegen, selbst wenn Drohungen oder Gewalt eine Rolle spielten, selten als Gewalt, häufig lediglich als „unangemessen“ eingestuft[12].

Da Jungen ebenso wie Mädchen überwiegend von Männern sexuell mißbraucht werden, trägt, zum anderen, das Tabu der Homosexualität mit dazu bei, daß über sexuelle Gewalt gegen Jungen kaum gesprochen wird. Dieses Tabu ist von zentraler Bedeutung für die Beschäftigung mit dem sexuellen Mißbrauch von Jungen: Die Jungen fürchten das Stigma der Homosexualität, wenn sie von den sexuellen Mißhandlungen berichten[6], Eltern leugnen den Mißbrauch ihres Sohnes aus Angst, ihr Sohn gelte als homosexuell[12], und selbst Tätern scheint es leichter zu fallen, sexuelle Mißhandlung von Mädchen zuzugeben als den Mißbrauch von Jungen[13].

Es existieren inzwischen viele Definitionen von sexuellem Kindesmißbrauch. Wir verstehen darunter:

Sexueller Kindesmißbrauch ist die sexuelle Ausbeutung eines Kindes durch eine(n) ältere(n) Täter/Täterin. Der Erwachsene oder jugendliche Täter benutzt dabei seine Macht und Autorität, die im krassen Gegensatz zur emotionalen Abhängigkeit des Kindes steht, um eigene Bedürfnisse (nach Macht, Zuwendung und Nähe) in Form von sexuellen Handlungen zu befriedigen.

Bei der sexuellen Ausbeutung eines Kindes geht es in erster Linie um die Befriedigung emotionaler Bedürfnisse des Täters. Sexualität ist das Vehikel, die für den Täter passende Form, um Gefühle wie Macht, Wut und Haß, aber auch das Bedürfnis nach Nähe, mit Hilfe des Kindes auszuleben.

Die Grenze zwischen sexuellen Übergriffen und Zärtlichkeit ist oft fließend. Kinder spüren allerdings genau, wann Zärtlichkeiten aufhören und sexuelle Übergriffe anfangen. Für einen Außenstehenden ist dies oft nicht sichtbar. Dennoch gibt es zwei Kriterien, die als Hinweise für sexuelle Ausbeutung dienen können: Zum einen beginnt sexueller Mißbrauch immer dann, wenn die zu befriedigenden Bedürfnisse ausschließlich die des Erwachsenen sind. Zum anderen kann man von sexueller Gewalt dann ausgehen, wenn solche Berührungen heimlich passieren oder der Erwachsene sie als „unser kleines Geheimnis" bezeichnet.

Sexuelle Mißhandlungen dauern oft jahrelang. Sie beginnen in der Regel mit scheinbar zufälligen sexuellen Berührungen, die sich nach und nach von sexuell getönten Küssen, Berührungen der Geschlechtsteile bis zu oralem und analem Verkehr steigern können.

Kinder sind keine geschlechtslosen Wesen ohne eigene Sexualität. Sie haben das Recht auf die Entwicklung ihrer Sexualität und die Befriedigung ihrer Bedürfnisse nach Liebe, Zuwendung und Zärtlichkeit. Kindliche Bedürfnisse nach Zärtlichkeit, Neugierde der Kinder und kindliche Selbststimulation dürfen aber niemals verwechselt oder gleichgesetzt werden mit den sexuellen Bedürfnissen Erwachsener. Den Kindern ein Recht auf die eigene Sexualität und deren Erfüllung zuzusprechen, bedeutet, ihnen ihre eigene Form von Sexualität zuzugestehen. Keinesfalls heißt dies aber, der Erwachsene habe ein Recht auf die Sexualität des Kindes. Kinder können ihre Sexualität nur in Beziehungen zu Gleichaltrigen entwickeln. Sexuelle Handlungen zwischen einem Erwachsenen und einem Kind, bei denen also der eine bedeutend älter ist als der andere und mehr Macht, Autorität und Wissen besitzt, sind immer von diesem Ungleichgewicht bestimmt und bedeuten die Befriedigung des älteren auf Kosten des jüngeren Partners.

In der Bundesrepublik gibt es bisher keine großangelegte Studie über das Vorkommen sexueller Gewalt an Mädchen und Jungen. Die einzige Datenquelle, die in den deutschen Veröffentlichungen immer wieder zitiert wird, ist die von Baurmann analysierte Kriminalstatistik, die sich auf angezeigte Straftaten gegen die sexuelle Selbstbestimmung im Jahre 1981 bezieht[14]. Aus den von ihm angenommenen Dunkelziffern (1:18 bzw. 1:20) errechnet sich die inzwischen in vielen Veröffentlichungen erwähnte Zahl von 250000 Mädchen und 50000 Jungen, die laut dieser Schätzung jährlich sexuell mißhandelt werden[14, 15, 16].

Da bei dieser Schätzung die gleiche Dunkelziffer für sexuell mißbrauchte Mädchen und Jungen verwendet wurde, bleibt auch in den hochgerechneten Zahlen das ursprüngliche Verhältnis von betroffenen Mädchen und Jungen gleich. Schätzungen aufgrund von Kriminalstatistiken sind jedoch fragwürdig, da sich in ihnen lediglich das Anzeigeverhalten der Bevölkerung widerspiegelt, nicht das reale Ausmaß sexueller Gewalt. Wie sehr aber der gesellschaftliche Umgang mit einer Problematik das Anzeigen von Straftaten beeinflußt, hat sich in den USA in den letzten Jahren deutlich gezeigt: Die Anzahl bekanntgewordener Sexualdelikte gegen Jungen stieg durch die öffentliche Diskussion dramatisch an[6]. Deshalb stellt die hier hochgerechnete Zahl von 50 000 betroffenen Jungen sicher eine Unterschätzung des tatsächlichen Ausmaßes dar Aufgrund vorsichtiger Schätzungen[5, 17] müssen wir davon ausgehen, daß auch in Deutschland weitaus mehr Jungen sexuellen Übergriffen ausgesetzt sind, als wir bisher angenommen haben.

Sexuelle Mißhandlungen beginnen häufig sehr früh und betreffen Jungen jeden Alters. Am meisten betroffen sind sechs- bis elfjährige Kinder, gefolgt von Kindern im Alter von null bis fünf Jahren, und dann erst kommt die Gruppe der Kinder zwischen zehn und vierzehn Jahren[17, 18]. Diese Zahlen widerlegen das Vorurteil, daß Jungen überwiegend in der Pubertät sexuell mißbraucht werden. Es sind Kinder, häufig Kleinkinder, die Opfer sexueller Gewalt werden. Entgegen einem weiteren Vorurteil werden diese Kontakte auch nicht von den Kindern selbst initiiert[19].

Die Täter sind überwiegend Männer, die aus dem sozialen Nahbereich der Jungen stammen: Väter, Onkel, Nachbarn, Freunde der Familie usw. Bisher schätzt man den

Frauenanteil unter den TäterInnen außerordentlich gering ein[3, 7]. (Eine Ausnahme bildet die Untersuchung durch Cook-Woods et. al., bei denen die überwiegende Anzahl der 86 befragten Männer in ihrer Kindheit durch Frauen mißbraucht worden ist[20]). In der letzten Zeit hören auch wir von Frauen, die Jungen (und Mädchen) sexuell ausbeuten. Dabei werden die sexuellen Mißhandlungen sehr häufig in mütterliches Sorgeverhalten eingebunden (sei es eine bestimmte Form des Waschens, des „Untersuchens“ bei Krankheiten an den Geschlechtsteilen etc.). Neben vielen anderen Gründen ist es gerade diese Eingebundenheit in mütterliches Verhalten, die es erschwert, die dahinter versteckte sexuelle Ausbeutung zu erkennen und aufzudecken.

Sexuelle Gewalt gegen Jungen kommt in allen Schichten vor und steht in keinem ursächlichen Zusammenhang mit Alkohol-, Drogen- oder sonstigen auffälligen seelischen Problemen des Täters. Bei den Männern findet man auch keinerlei homosexuelle Neigungen[21, 22]. Die kindliche Gestalt, das Fehlen von Bartwuchs, Behaarung usw., zusammen mit der Unerfahrenheit, Unwissenheit und der Sehnsucht des Kindes nach Liebe und Geborgenheit, prädestiniert das Kind zum „ungefährlicheren“ Partner für den Täter.

Es gibt Täter, die Mädchen und Jungen sexuell mißbrauchen und solche, die sich nur Jungen zuwenden. Gerade die letzteren werden häufiger als homosexuell eingestuft. Wenn Jungen sexuell mißhandelt werden, heißt das aber nicht, daß die Täter dabei ihre homosexuellen Neigungen ausleben. Vielmehr wählen sie Jungen, weil sie sich besser mit ihnen identifizieren können und weil ihnen der Umgang mit Jungen leichter fällt.

Janusz Korczak war einer der wenigen Pädagogen, der schon Anfang der 30er Jahre auf die sexuelle Ausbeutung von Kindern durch Erwachsene hinwies. Am Ende seines

Aufsatzes „Für den Schutz des Kindes“ stehen folgende Sätze, die bis heute Gültigkeit haben:

„Es drängt sich die Frage auf, ob [sexuelle] [Einf. d. A.] Vergehen an Jungen bei uns tatsächlich so ungewöhnlich selten sind oder ob die Wachsamkeit in dieser Hinsicht noch geringer und die Unterschätzung noch größer ist? Nach beiläufigen Berichten zu urteilen, wäre ich geneigt, eher die zweite Vermutung als richtig anzusehen.“[23]

Das Verhalten des Täters und die Folgen sexueller Gewalt für den Jungen

Hartnäckig hält sich in der Öffentlichkeit das Bild des „Triebtäters“, des „Sittenstrolchs“, der sich an einem Kind vergeht. Oder der Täter wird als jemand beschrieben, der sich aufgrund von Alkohol „nicht mehr kontrollieren kann“. Gemeinsam ist diesen Vorstellungen, daß es sich um einen Mann handelt, der, von Trieben, Alkohol etc. überwältigt, plötzlich und ungeplant ein Kind überfällt. Dies entspricht keineswegs der Realität. Sexuelle Übergriffe gegen ein Kind sind vom Täter vorher immer genauestens geplant und vorbereitet worden. In der Regel kennt der Täter das Kind und hat bereits eine Beziehung zu ihm aufgebaut. Die sexuellen Mißhandlungen beginnen häufig mit eher „zufälligen“ Berührungen und Küssen und steigern sich manchmal bis zu gegenseitigem analen Verkehr. Bewußt oder unbewußt ignoriert von der Umgebung des Kindes, dauert die sexuelle Ausbeutung oft Monate oder Jahre an.

Am Anfang bemüht sich der Täter, die Beziehung zum Kind zu vertiefen und sucht gleichzeitig nach Gelegenheiten, um mit ihm allein zu sein. Da der Erwachsene in der Regel jemand ist, der dem Kind nahe steht, sei es ein Elternteil, Bruder oder Schwester, Lehrer, älterer Freund oder Babysitter, ist das Kind erst einmal stolz und glücklich, daß dieser ihm soviel Zeit und Interesse widmet. Häufig beginnt der Täter dann mit „zufälligen" sexuellen Berührungen, die entweder nicht kommentiert oder als „Spiel" oder Ausdruck gegenseitiger Sympathie umgedeutet werden. Gespräche über Sexualität, gemeinsames Ansehen von pornographischem Material und gegenseitiges Sich-nackt-Zeigen folgen und werden von ihm als „Spiel", häufig auch als „Aufklärungsunterricht" uminterpretiert. Der Junge ist durch die sexuellen Übergriffe verstört. Er weiß nicht, warum der Täter ihm plötzlich über den Po oder den Penis streichelt. Wenn der Täter auf diese Berührungen nicht weiter eingeht, fragt sich der Junge, ob er sich die Übergriffe nur eingebildet hat. Bezeichnet der Täter die Berührungen als „Spiel" oder Ausdruck seiner Sympathie, dann ist der Junge auch irritiert. Wem soll er glauben: seinen eigenen Empfindungen oder den Interpretationen des geliebten Erwachsenen? Und was kann er dagegen tun, wenn doch alles so „harmlos" und so „lieb" gemeint ist? Viele Jungen hoffen, daß diese „zufälligen" Berührungen nur „Ausrutscher" waren, die sie durch besonders zurückhaltendes Verhalten zukünftig vermeiden können. Kein Junge ahnt, daß diese Berührungen bewußt und mit Absicht so „zufällig" erfolgen. Manchmal erhalten die Jungen auch Belohnungen oder Vergünstigungen, wenn sie bei den sexuellen Handlungen mitmachen. In dieser Zeit ist der Täter sehr darauf bedacht, ein Gefühl von Nähe und Gegenseitigkeit zwischen sich und dem Jungen herzustellen. In der Regel geschieht dies ohne Drohungen oder Gewaltanwendungen.

Für den Täter ist es wichtig, seine sexuellen Übergriffe geheimzuhalten. Sonst riskiert er, bestraft oder zumindest in den sexuellen Kontakten mit dem Kind eingeschränkt zu werden. Er wird also versuchen, das Kind entweder zu überreden oder zu zwingen, die sexuelle Ausbeutung geheimzuhalten. Bei länger andauernden Beziehungen gelingt dies dem Täter auch ohne Drohungen, indem er dem Jungen das Gefühl vermittelt, in einer Falle zu sitzen. Jedes Gefühl von emotionaler Nähe oder sexueller Erregung, das der Junge spürt, wird vom Täter als eine Form von Gegenseitigkeit, von Mitverantwortung des Jungen an den Handlungen umgedeutet. Durch Fragen wie: „Macht dir das Spaß?" oder „Findest du es schön?" wird beim Jungen, auch wenn er darauf nicht eingeht, das Gefühl verstärkt, für den Mißbrauch verantwortlich zu sein[1]. Geschenke oder bestimmte Privilegien verstärken diese Schuldgefühle. Es gibt auch Kinder, die die sexuellen Beziehungen deshalb geheimhalten, weil sie die einzige Form von Zuwendung und Nähe darstellen, die sie je erlebt haben und deshalb nicht verlieren wollen. Da Kinder existentiell auf Liebe und Zuwendung angewiesen sind, ist es für sie sehr schwer, sich trotz ihrer Wut, ihrer Angst und ihren Schuldgefühlen aus diesen Beziehungen zu lösen. Manche Jungen fühlen sich durch die Situation so sehr überwältigt, daß sie den Mißbrauch nicht nur verschweigen, sondern vor sich und anderen leugnen, überhaupt sexuell ausgebeutet worden zu sein. Dies sichert gleichzeitig die Geheimhaltung.

Sehr häufig werden auch Drohungen geäußert, um das Kind zum Schweigen zu zwingen. Diese reichen von Äußerungen wie: „Niemand wird dir glauben", „Dann kommst du ins Heim", „Deine Mutter wird sich umbringen oder wird krank", „Ich bringe mich um, wenn du das jemandem erzählst" bis zu Morddrohungen. Jungen werden zudem oft mit der Bemerkung: „Dann halten dich alle für schwul" zur Geheimhaltung genötigt. Die Jungen fürchten sich auch davor, daß, wenn die sexuellen Mißhandlungen bekannt werden, der Vater ins Gefängnis muß und die Familie auseinanderbricht. Sie meinen, es sei ihre Schuld, wenn der Familie etwas zustößt, und fühlen sich verantwortlich für den Zusammenhalt der Familie. Geheimhaltung wird auch ermöglicht durch die ritualisierte Form der Ausbeutung[2]: Die sexuellen Übergriffe finden häufig im Dunkeln, in völliger Stille und ohne Augenkontakt statt. Die Kommunikation ist auf stereotype Interaktionen, Befehle und ausgesprochene Drohungen beschränkt. Sprache und Ausdrucksweisen verändern sich sowohl durch das sexuelle Erleben als auch durch die Situation. Der Täter ist durch seine veränderte Mimik (zum Beispiel beim Orgasmus) und sein unverständliches Verhalten dem Kind völlig fremd, er ist ganz anders als sonst. Für das Kind ist es sehr verwirrend, seinen Vater (Opa, Onkel etc.) so unterschiedlich zu erleben: Einerseits ist er der das Kind bedrohende, stöhnende „Fremde", andererseits aber auch sein Vater (Opa, Onkel etc.), der mit ihm spielt, es lobt, Verbote ausspricht. Beängstigend ist für das Kind auch, daß es keinerlei Einflußmöglichkeiten darauf hat, mit welcher Seite des Täters es jeweils konfrontiert wird. Gleichzeitig muß das Kind mit ganz unterschiedlichen Rollenerwartungen fertig werden: Es ist sowohl „Geliebter", „Partner" des Vaters (Opas, Onkels etc.) als auch das „normale" Kind, das spielt, zur Schule geht. Es fühlt:

ich werde ausgenutzt	ich werde bevorzugt
ich werde mißhandelt	ich bekomme besondere Zuwendung
ich werde erniedrigt	ich werde aufgewertet
ich werde bedroht	ich muß andere schützen
ich bin isoliert	ich stehe im Mittelpunkt
ich muß schweigen	ich möchte schreien
ich mache mit	ich möchte mich wehren
ich bin klein und hilflos	ich bin groß und trage Verantwortung
ich werde verleumdet	ich werde verklärt

ich schütze andere	ich brauche Schutz
ich möchte zerstören	ich muß erhalten
ich erlebe Ekel	ich erlebe angenehme Gefühle[3]

Mit dieser Situation ist das Kind völlig überfordert. Es entsteht ein Gefühl von tiefer innerer Zerrissenheit beim Kind. Viele Kinder fühlen sich jahrelang in zwei Personen gespalten oder erleben sich, als ob sie von ihrem Körper getrennt seien. Häufig spalten sie dann die sexuellen Mißhandlungen als „unwirklich", als etwas, was nicht real passiert ist, von sich ab. Die sexuelle Ausbeutung wird verdrängt und kann oft über Jahre hinweg nicht erinnert werden.

Die Gefühle sexuell ausgebeuteter Jungen

Ein Kind, das sexuell ausgebeutet wird, fühlt sich erst einmal völlig verwirrt. Es weiß überhaupt nicht, was der Täter eigentlich von ihm will, und kann die sexuellen Übergriffe nicht einordnen. Viele Kinder werden in einem Alter mißbraucht, in dem sie noch nicht einmal Worte für die sexuellen Handlungen haben, an denen sie auf einmal beteiligt sind. Verwirrung erzeugen auch die unterschiedlichen, oft gleichzeitig vorhandenen Gefühle von Ekel, Angst, Schmerz usw. bis zu sexueller Erregung, die durch die sexuellen Übergriffe ausgelöst werden. Jungen sind durch die meist gleichgeschlechtlichen Angriffe zutiefst verstört in ihrer Geschlechtsrollenidentität. Die dabei auch erlebten Lustgefühle verunsichern die Jungen, insbesondere wenn der Täter sie auf ihre Erektion mit den Worten: „Schau mal, wie sehr du das magst!" hinweist. Sie fragen sich, ob sie jetzt schwul seien, oder ob etwas an ihnen sei, das bei Männern homosexuelle Wünsche auslöst. Dies kann so weit gehen, daß die Jungen sich von Männern, zum Beispiel dem Lehrer, dem Onkel, dem Nachbarn zurückziehen aus Angst, diese zu homosexuellen Handlungen zu verführen. Infolgedessen ist es für diese Jungen bedrohlich, andere Männer zu mögen, da sie solche Gefühle mit der Gefahr verbinden, in irgendeiner Form Mißhandlungen auszulösen und erneut sexuell mißbraucht zu werden. Sexuelle Ausbeutung durch Frauen kann den umgekehrten Effekt haben: Waren es bei den gleichgeschlechtlichen Übergriffen die angenehmen Gefühle (sexuelle Erregung), so sind es bei den sexuellen Übergriffen durch Frauen eher die unangenehmen Gefühle (Angst, Ekel etc.), die den Jungen verwirren: Wieso gefällt es mir nicht, mit einer „erfahrenen" Frau sexuell zu verkehren? Bin ich möglicherweise „schwul", weil ich das unangenehm finde?

Neben dem Gefühl von Verwirrung löst sexuelle Ausbeutung vor allem Haß, Hilflosigkeit, Angst, Scham und Schuld aus. Die Jungen hassen den Täter, weil er sie sexuell mißhandelt und weil sie sich ihm gegenüber ausgeliefert und hilflos fühlen. Gleichzeitig empfinden sie auch Selbsthaß, weil sie glauben, sich nicht genügend gegen ihn gewehrt zu haben.

Sie fühlen sich hilflos, so als ob sie in einer Falle säßen. Gleichzeitig empfinden sie große Angst. Angst kann sich dabei auf ganz unterschiedliche Aspekte der Situation beziehen: So befürchten sie, durch den Mißbrauch in irgendeiner Form verletzt worden zu sein (z. B. durch Geschlechtskrankheiten), sie fürchten sich vor Drohungen des Täters, wenn sie sich wehren oder sich ihm entziehen wollen, vor dem Auseinanderbrechen der Familie, falls der Mißbrauch bekannt wird, und davor, daß ihnen niemand glaubt, was ihnen passiert ist. Sie haben Angst davor, als homosexuell oder „unmännlich“ zu gelten, wenn die sexuelle Ausbeutung bekannt wird, und sie fürchten sich davor, erneut mißhandelt zu werden.

Durch den Mißbrauch fühlen sich die Jungen beschmutzt und schämen sich, daß ausgerechnet ihnen so etwas passiert ist. Sexuelle Lustgefühle verwirren die Jungen nicht nur in ihrer Geschlechtsrollenidentität, sondern erzeugen auch große Schuldgefühle. Schuldgefühle werden auch durch das Akzeptieren von Geschenken oder Privilegien und dem ständigen Gefühl, sich nicht genug gewehrt zu haben, hervorgerufen.

Jungen fällt es sehr schwer, darüber zu sprechen, daß sie sexuell mißbraucht worden sind. Ihr Schweigen hat Gründe:

- Sie schweigen aus Scham, weil sie glauben, sich nicht genügend gewehrt zu haben. Der Mißbrauch symbolisiert in ihren Augen ihre Unfähigkeit, sich selbst zu schützen. Dies stellt gleichzeitig ihre Fähigkeit, ein „richtiger Mann“ zu sein, in Frage[4].
- Sie schweigen, weil gleichgeschlechtlicher Mißbrauch für die Jungen als ein „Beweis“ ihrer Homosexualität gilt. Sie versuchen, dies unter allen Umständen vor ihrer Umgebung zu verbergen.
- Sie schweigen, weil sie befürchten, belächelt oder in ihrer Männlichkeit angezweifelt zu werden, wenn sie sexuelle Erlebnisse mit Frauen als „gewalttätig“ oder „unangenehm“ bezeichnen. In so einem Fall werden die Jungen oft mit der Erwartung konfrontiert, daß sie eigentlich ihre Mißhandlung genießen sollten.
- Sie schweigen aus dem Gefühl heraus, völlig allein zu sein. Die Gesellschaft übersieht Jungen als Opfer. Es feh-

len Untersuchungen und Berichte Betroffener, die Jungen ermutigen, über ihre Erfahrungen zu sprechen.
- Sie schweigen aus Angst, daß die Familie auseinanderbricht und ihnen niemand glaubt, wenn der eigene Vater, Großvater oder Freund der Mutter der Täter ist. Sie schweigen aus Angst, für den Mißbrauch bestraft zu werden, oder aus Angst vor körperlicher Gewalt und Rache des Täters.
- Sie schweigen, weil sie sich schuldig fühlen.

Wenn Kinder jahrelang schweigen, wird das von ihrer Umgebung und dem Täter häufig als Einwilligung oder als Anzeichen dafür gedeutet, daß die sexuellen Mißhandlungen ja so schlimm nicht gewesen sein können. Diese Einschätzung verkennt die Situation der betroffenen Kinder. Ein Geheimnis jahrelang mit sich herumtragen zu müssen, eins, von dem man weiß, daß die Preisgabe schwerwiegende Folgen für alle daran beteiligten Personen hat, unter dem man leidet und durch das man die eigene Qual und Stigmatisierung fortsetzt, stellt eine schwere Beeinträchtigung des gesamten Lebensgefühls dar. Durch die ständige Beschäftigung mit dem Mißbrauch, der Angst vor Entdeckung des Geheimnisses und dem Gefühl, „anders" zu sein, isoliert sich das betroffene Kind mehr und mehr von allen anderen. Nähe und Intimität könnten erneuten Mißbrauch bedeuten oder aber Entdeckung des Geheimnisses, Aufdecken des Makels, sexuell mißhandelt worden zu sein. Deswegen ist für die Kinder das Schweigegebot und die Zeit des Schweigens häufig ebenso schlimm wie die erlebten Mißhandlungen[5].

Die Folgen sexueller Gewalt

Bisher werden die Auswirkungen sexueller Ausbeutung an Jungen häufig für weniger gravierend gehalten als bei Mädchen. In einem Jugendbuch wird das so beschrieben: „‚Aber schließlich ist ja kein bleibender Schaden entstanden. Ich bin so froh, daß Jeremy kein Mädchen ist. Es wäre wirklich tragisch gewesen, ein Mädchen wäre sein Leben lang gezeichnet.' Jeremys Ohren prickelten von dem, was er hörte... Wie konnte sie das sagen, daß es für ein Mädchen schlimmer war. Immer noch wachte Jeremy nachts schweißgebadet und voller Angst auf, daß George nachts vor seinem Bett stünde. Kein bleibender Schaden?"[6]

In einer Untersuchung über sexuellen Mißbrauch in der Familie von Pierce/Pierce zeigt es sich, daß bei Bekanntwerden von sexueller Gewalt 20% der sexuell mißhandelten Mädchen, aber nur 4% der Jungen zum Schutz vor weiteren Übergriffen aus der Familie herausgenommen worden waren[7]. Jungen wird unterstellt, daß sie sexuelle Übergriffe weniger schwer nehmen und leichter verarbeiten können als Mädchen. Ihnen wird eine emotionale Stabilität von geradezu übermenschlichem Ausmaß zugesprochen, nur weil sie männlichen Geschlechts sind.

Die amerikanischen Wissenschaftler Finkelhor/Browne[8] entwickelten eine Einteilung, die die Dynamik sexueller Gewalt differenziert darstellt und in Bezug setzt zu den Auswirkungen auf das psychische Erleben und das Verhalten der Kinder. Sie unterteilen die traumatische Wirkung von sexueller Ausbeutung in vier Bereiche:

1. Traumatische Sexualisierung
2. Stigmatisierung
3. Verrat
4. Ohnmacht

Diese Bereiche hängen eng miteinander zusammen. Sie stellen vier verschiedene Teilaspekte dar, die die Dynamik von sexueller Gewalt charakterisieren.

Mit dem Begriff *traumatische Sexualisierung* ist hier gemeint, daß dem Kind eine Form von Sexualität aufgezwungen wird, die seinem Lebensalter unangemessen ist und das Kind in höchstem Maße verwirrt und schädigt. Dem Kind wird vermittelt, daß es Zuneigung und Nähe nur verbunden mit Sexualität erhalten kann. Gleichzeitig vermittelt der Täter dem Kind falsche Informationen über sexuelles Verhalten und Sexualmoral, indem er beispielsweise behauptet, daß alle Väter ihre Kinder sexuell berührten, wenn sie sie lieb hätten. Sexuelles Verhalten des Kindes wird mit besonderer Zuwendung, Privilegien oder Geschenken belohnt. Das Kind erlebt, daß der Täter es nur dann mag, wenn es sich dessen sexuellen Wünschen fügt. Wie schon erwähnt, sind Jungen durch die sexuellen Übergriffe zutiefst in ihrer Geschlechtsrollenidentität verwirrt. Sind es bei der Mißhandlung durch Männer die angenehmen Gefühle, die Ängste auslösen, „schwul" zu sein, so sind es bei der sexuellen Ausbeutung durch Frauen die unangenehmen Gefühle, die den Jungen verunsichern. Der Junge meint, nur ein „schwuler" Mann könne sich geekelt, gedemütigt oder verängstigt fühlen, wenn eine „reife" Frau ihn „in die Sexualität einführt". In der Pubertät wenden die Jungen gegenüber Gleichaltrigen viel Zeit auf, um diese davon zu überzeugen, daß sie nicht „schwul" sind. So betonen sie beispielsweise in Diskussionen häufig ihren Wunsch, mit Frauen zu schlafen und beschreiben möglicherweise alle Einzelheiten des gewünschten Geschlechtsverkehrs. Sie sind zudem häufig sehr distanziert gegenüber den Jungen, die in irgendeiner Form als „seltsam" oder „schwul" gelten könnten. Gespräche über Masturbation finden sie abstoßend, da Selbstbefriedigung oft als etwas angesehen wird, das nur Homosexuelle praktizieren. Obwohl die Jungen unter Umständen selbst masturbieren, wird dies vor anderen strikt geleugnet[9]. Diese Angst vor Homosexualität ist vor allem dann ausgeprägt, wenn die mißbrauchten Jungen in ein Alter kommen, in dem es unter Gleichaltrigen üblich ist, negative Kommentare über Homosexualität abzugeben.

Unsicherheit herrscht bei jeder Form von Berührung. Ein Kind, das körperliche Nähe und Zuwendung nur in Verbindung mit sexuellen Handlungen erfahren hat, vermutet nun unter Umständen hinter jeder Berührung etwas Sexuelles: Wenn er/sie nichts Sexuelles von mir will, was möchte er/sie dann von mir[10]? Gleichzeitig löst das Berühren von anderen häufig Assoziationen an die sexuellen Mißhandlungen aus und wird deshalb vermieden. Viele Menschen, die in ihrer Kindheit sexuell mißhandelt wurden, versuchen, Körperkontakt mit anderen Menschen möglichst ganz zu vermeiden und reagieren auf Berührungen mit einem spürbaren Erstarren.

Bei kleineren Kindern ist exzessives Masturbieren oft ein sehr deutliches Symptom für erlittene sexuelle Gewalt. Auch ein ausgeprägtes sexualisiertes Spielverhalten, ein sehr spezifisches Wissen über Sexualität und die übermäßige Beschäftigung damit sind deutliche Signale. Zudem ergaben amerikanische Untersuchungen, daß Kinder, die andere Kinder sexuell mißbrauchen, selbst vorher sexuell ausgebeutet worden sind. Dieses Verhalten scheint bei Jungen häufiger zu sein als bei Mädchen[1, 4]. Promiskuität und Prostitution („Strichjungen“) können ebenso Ausdruck erlittener sexueller Gewalt sein wie das Vermeiden von sexuellen Beziehungen zu anderen Menschen überhaupt. Viele sexuell mißbrauchte Männer fühlen sich als „Neutrum“. Sie haben keinen Bezug zu ihrer

Sexualität. Sexualität ist ihnen fremd, sie erleben sie als abgespalten, sie existiert für sie nicht[10]. Jede Form von Sexualität wird so sehr mit der sexuellen Ausbeutung assoziiert, daß sexuelle Handlungen immer bedeuten, entweder die Rolle des Opfers oder die des Täters einnehmen zu müssen. Viele Männer befürchten, selbst zum Täter zu werden.

Wir alle kennen die erotische Ausstrahlung von Kindern, den Wunsch, ihnen über den Kopf zu streicheln, sie in die Arme zu nehmen und zu küssen. Diese Bedürfnisse lösen keine Ängste in uns aus. Sie bilden einen Teil des normalen und liebevollen Umgangs mit Kindern. Für Männer aber, die als Kind mißbraucht wurden, ist gerade dieser körperliche Umgang mit Kindern oft sehr angstbesetzt[10]. Zärtliche Gefühle gegenüber Kindern, aber auch sexuelle Lustgefühle in einer Partnerschaft werden genauestens beobachtet und überprüft: Sind dies schon die ersten Anzeichen dafür, daß ich jetzt so werde wie der Täter (mein Vater, Onkel, Bruder etc.)? Dies kann dazu führen, daß diese Männer körperlichen Kontakt mit eigenen oder fremden Kindern ganz vermeiden und auch Sexualität mit Frauen nur selten entspannt genießen können[10].

Sexuelle Funktionsstörungen wie vorzeitige Ejakulationen, Schwierigkeiten, eine Erektion zu bekommen, scheinen bei Männern, die in ihrer Kindheit sexuell mißbraucht worden sind, weit verbreitet zu sein und hängen sicher damit zusammen, daß sexuelle Kontakte sehr ängstigend für diese Männer sind[10]. Diese Schwierigkeiten passen wiederum nicht in das Bild eines aktiven potenten Mannes und stimmen die Männer häufig depressiv und hoffnungslos.

Bei dem zweiten Bereich *Stigmatisierung* geht es darum, daß sich das Kind durch die sexuelle Ausbeutung „gezeichnet", „anders" fühlt als andere Kinder. Der Täter suggeriert dem

Kind, daß es die sexuellen Mißhandlungen gewollt habe und daß es selbst schuld sei an dem, was passiert ist. Das Kind schämt sich und glaubt, daß sein Verhalten oder sein Aussehen den Täter veranlaßt habe, es sexuell zu mißhandeln. Da die Täter häufig mit Frauen zusammenleben, glauben die Jungen, an ihnen sei etwas, das den Täter zu gleichgeschlechtlichen Handlungen „verführe". Es sei ihre Art, ihre Ausstrahlung, die den Täter dazu veranlasse, „schwul" zu werden[4]. Das Gefühl des „Andersseins", der Stigmatisierung wird noch verstärkt, wenn die soziale Umgebung bei der Aufdeckung der sexuellen Ausbeutung schockiert reagiert und das Kind für verantwortlich erklärt wird bzw. das Kind jetzt anders behandelt wird als vorher. Beispielsweise glauben einige Eltern, daß ihr Sohn aufgrund der sexuellen Mißhandlung jetzt schwul sei, und verhalten sich entsprechend verändert ihrem Kind gegenüber. Die Jungen schämen sich und fühlen sich schuldig, daß gerade ihnen so etwas passiert ist. Noch als Erwachsene fühlen sie sich gedemütigt und beschmutzt und leiden unter einem sehr geringen Selbstbewußtsein. Dies kann dazu führen, daß sie sich als Kind und auch als Erwachsener von anderen zurückziehen, Freundschaften meiden. Engere Kontakte mit anderen Menschen lösen große Angst aus, weil diese entdecken könnten, daß sie sexuell mißbraucht worden sind. Beruflicher Erfolg und ein großer Bekanntenkreis ändern nichts an dem Gefühl der völligen Wertlosigkeit. Nur distanzierte Kontakte garantieren, daß das Bild eines selbstbewußten, aktiven Mannes nach außen aufrechterhalten werden kann. Menschen, die sie mögen, sind entweder Narren oder sie lassen sich immer noch von ihnen täuschen. Um die dadurch entstandene innere Einsamkeit aushalten zu können bzw. um sie zu betäuben, kommt es bei vielen männlichen Mißbrauchsopfern zumindest zeitweise zu Alkohol-, Tabletten- oder Drogensucht oder zu sehr zwanghaftem, suchtartigen Verhalten, sei es im Beruf, beim Sport, in der Religionsausübung[10]. Männer, die in ihrer Kindheit sexuell ausgebeutet wurden, neigen auch häufig zu selbstzerstörerischen Handlungen und Selbstmordversuchen.

In dem dritten Bereich geht es um *Verrat*. Ein sexuell mißhandeltes Kind wird vor allem in seinen emotionalen Bedürfnissen von dem Täter verraten. Der Täter manipuliert das Vertrauen des Kindes und nützt seine Wehrlosigkeit aus. Der Erwachsene benutzt dabei die Abhängigkeit und die Sehnsüchte des Kindes nach Liebe und Zuwendung, um seine Wünsche nach Macht und Sexualität zu befriedigen. Die Bedürfnisse des Kindes, sein Wohlergehen werden völlig außer acht gelassen. Verraten fühlt sich das Kind nicht nur von dem Täter, sondern auch von anderen Erwachsenen (z. B. der Mutter), die das Kind nicht geschützt haben. Dem Kind wird dadurch eine grundlegende Erfahrung verwehrt, nämlich die, daß es Erwachsene gibt, bei denen es sich geborgen fühlen kann. Sicher kann es sich nur fühlen, wenn es sich von anderen zurückzieht. Nähe zu anderen beinhaltet immer die Gefahr erneuter sexueller Übergriffe. Deshalb ziehen sich sexuell mißhandelte Kinder häufig von anderen Kindern zurück. Soziale Kontakte aufzubauen und mit anderen zu spielen, fällt diesen Kindern schwer[10]. Sie vertrauen anderen nicht genug, um unbefangen und ohne Angst zu spielen und Freundschaften zu schließen. Im Umgang mit anderen wirken sie oft wie erstarrt, gefühllos und zu keiner Freude fähig. Sexuell mißhandelte Kinder werden damit um ihre Kindheit betrogen. Sie leiden unter schweren depressiven Verstimmungen und sind oft von großem Zorn erfüllt, möchten alles um sich herum zerstören. Dieser Zorn richtet sich auch gegen sie selbst, weil sie sich nicht genügend gewehrt haben, gegen die Eltern, die sie nicht schützen konnten, gegen den Täter. Im Verhalten zeigt sich bei kleineren Kindern, daß sie sich plötzlich wieder an die Eltern anklammern und nicht mehr allein sein wollen.

Auch als Erwachsene empfinden sexuell mißbrauchte Jungen häufig Unbehagen, Angst vor engen Beziehungen und finden es oft schwierig, überhaupt Beziehungen aufzubauen. Dies kann dazu führen, daß Beziehungen entweder völlig idealisiert werden und eine Partnerschaft von vornherein als unerreichbar betrachtet wird, oder es kommt zu ständig wechselnden, flüchtigen Bekanntschaften, in denen gar keine Intimität entstehen kann, oder zu Beziehungen, in denen wieder ein ähnliches Abhängigkeitsmuster von Täter und Opfer gelebt wird wie in ihrer Kindheit[10].

Bei dem vierten Bereich geht es um das Gefühl der *Ohnmacht*, die das Kind spürt, wenn ein Erwachsener es gegen seinen Willen sexuell benutzt. Ein Kind, dessen „Nein!“ nicht respektiert wurde, das geweint oder sich gewehrt hat und erfahren mußte, daß es sich nicht wehren kann, fühlt sich ohnmächtig und ausgeliefert. Es glaubt, daß es keinen Einfluß darauf hat, was mit ihm geschieht. Es fühlt sich häßlich, schwach und als „Versager“. Auch als Erwachsener fühlt es sich oft unfähig, Entscheidungen zu treffen und das eigene Leben zu bestimmen. Das Kind kann kein Selbstvertrauen entwickeln.

Viele Kinder leiden jahrelang unter der Angst, erneut sexuell mißbraucht zu werden. Sie reagieren häufig übersensibel auf Anzeichen in ihrer Umgebung, die eine erneute Mißhandlung bedeuten könnten. Das kann so weit gehen, daß sie sich in ganz alltäglichen Situationen ohne erkennbaren Grund ängstigen. Manche Kinder entwickeln geradezu phobische Ängste vor bestimmten Situationen oder Objekten[9]. Therapeuten berichten auch, daß einige Kinder panische Ängste vor Menschen entwickeln, die dem Täter ähnlich sehen[9]. Vor allem bei jüngeren Kindern kommt es in Gegenwart von fremden Erwachsenen aber auch zu quasi contraphobischen Reaktionen, zum Beispiel sofort körperlichen Kontakt zu einem Menschen zu suchen. Wahrscheinlich präsentieren sich diese Kinder schon deshalb von vornherein als Opfer, um erwarteten möglichen sexuellen Mißhandlungen damit vorzubeugen[9].

Eß- und Schlafstörungen, Schulversagen und anhaltende depressive Verstimmungen können ebenfalls häufig Folgen von sexueller Gewalt sein, genauso wie betont aggressives Verhalten: Waren die Jungen vorher eher ruhig und zurückhaltend, werden sie nun aggressiv und feindselig. Die Jungen fühlen sich durch die Mißhandlungen oft physisch klein, körperlich hilflos selbst Menschen gegenüber, die kleiner sind als sie selbst. Sie empfinden sich dann nicht mehr als „richtiger Junge" oder als „richtiger Mann"[9]. Durch dominantes und aggressives Auftreten versuchen einige Jungen, das verlorengegangene Gefühl von Kontrolle wiederzuerlangen. Sich ohnmächtig zu fühlen bedeutet für diese Jungen Schwäche, und Schwäche wird von ihnen gleichgesetzt mit „Unmännlichkeit". Sie glauben, nur dadurch ihre Angst, die Verunsicherung in ihrer Geschlechtsrollenidentität und ihre Ohnmacht überwinden zu können, indem sie sich überidentifizieren mit dem, was man stereotyp unter dem Begriff „männlich" versteht. Viele Jungen, die sich früher vielleicht passiv und sanft verhalten haben, glauben, daß es genau dieses Verhalten war, das den Mißbrauch ermöglichte und vermeiden es jetzt, um nicht wieder Opfer zu werden. Sie projizieren ihre Ängste auch auf ihre Umgebung und befürchten, daß ihre „Männlichkeit" auch von anderen Menschen angezweifelt wird[11].

Als Erwachsene fühlen sie sich häufig schwach, klein und hilflos. Gerade Männer versuchen dies beispielsweise durch übermäßige Leistungen, betont „männliches“ Verhalten unter allen Umständen vor ihrer Umgebung zu verbergen.

Sexuell mißbrauchte Mädchen und Jungen unterscheiden sich in ihren Reaktionen auf sexuelle Ausbeutung. Nach den bisherigen Erkenntnissen scheinen manche (!) Jungen, die sexuell mißbraucht wurden, später selbst Kinder sexuell zu mißhandeln und mit verstärktem aggressiven Verhalten zu reagieren. Sexuell ausgebeutete Mädchen scheinen dagegen eher autoaggressive, selbstzerstörerische Verhaltensmuster zu zeigen. Auch die große Angst, „schwul“ und „kein richtiger Junge“ mehr zu sein, sind typische Verhaltensweisen von Jungen. Dennoch gibt es auch viele Reaktionen, die bei Mädchen und Jungen ähnlich sind. Depressivität, sexualisiertes Spielverhalten, Alkohol- und Drogenabhängigkeit, Selbstmordversuche sind nur einige der Folgen, unter denen sexuell mißbrauchte Mädchen und Jungen leiden können. In der bisherigen Auseinandersetzung mit Jungen als Opfern sexueller Gewalt besteht die Tendenz, vor allem auf die vermehrte Aggressivität und den sexuellen Mißbrauch von anderen Kindern hinzuweisen. Obwohl es wichtig ist, die unterschiedlichen Folgen von sexueller Gewalt bei Mädchen und Jungen darzustellen, darf dies nicht dazu führen, daß wir bei Jungen Symptome wie beispielsweise depressives, ängstliches, selbstzerstörerisches Verhalten weniger ernst nehmen. Umgekehrt gilt dies auch für Mädchen, wenn diese aggressiv und mit sexuellen Übergriffen gegenüber anderen Kindern reagieren.

Wenn Jungen sexuell ausgebeutet werden, zeigen sie dies immer auch durch bestimmte Verhaltensänderungen oder Auffälligkeiten. Diese sind hier noch einmal zusammenfassend dargestellt:

- Sehr häufiges, öffentliches Masturbieren
- Detailliertes und altersunangemessenes Wissen über Sexualität
- Sexuelle Sprache, sexuell anzügliches Verhalten
- Sexuell aggressives Verhalten gegenüber anderen Kindern (Kinder, die andere Kinder sexuell mißhandeln, sollten immer als mögliche Mißbrauchsopfer angesehen werden)[12]
- Plötzlich auftretendes, sehr aggressives Verhalten
- Plötzlicher Rückzug, Isolation der Jungen
- Plötzlich auftretende Ängste
- Plötzlich auftretendes depressives Verhalten
- Brandstiftung, Zündeln[9]
- Suizidalität
- Selbstzerstörerisches Verhalten, Selbstverstümmelungsversuche
- Schlafstörungen
- Kein Vertrauen mehr zu engen Bezugspersonen
- Plötzlicher Leistungsabfall in der Schule (mangelnde Konzentrationsfähigkeit)
- Drogen- und Alkoholprobleme
- Extreme Anklammerungswünsche (bei kleinen Kindern)

Dies ist eine Fülle von Verhaltensauffälligkeiten, die sicher nicht zwangsläufig die sexuelle Ausbeutung eines Kindes beweisen. Wichtig erscheint uns aber die Forderung, bei plötzlichen Verhaltensänderungen der Jungen immer auch die Möglichkeit des sexuellen Mißbrauchs in diagnostische Überlegungen miteinzubeziehen. Vor allem zwanghaftes sexuelles Verhalten von Kindern, sei es ständiges Onanieren, sexuelle Überfälle gegenüber anderen Kindern und sexualisiertes Spielverhalten, sind deutliche Hinweise auf die sexuelle Ausbeutung eines Kindes.

Es gibt auch physische Symptome, die Anzeichen sexueller Gewalt sein können:

- Plötzlich auftretende Bauchschmerzen, die „keine Ursache“ haben
- Geschlechtskrankheiten
- Wundsein und Jucken im Genitalbereich
- Fremdkörper im Anus
- Blutergüsse, Kratz- und Bißwunden im Brust-, Po-, Genitalbereich und an den Oberschenkeln
- Blutungen, Risse im Rektalbereich
- Ungewöhnliche Dehnung des Anus
- Verletzungen, Bluten, Rötungen des Penis
- Schmerzen ungeklärter Ursache im Genitalbereich

Das Fehlen von physischen Symptomen wird häufig als Beweis dafür angesehen, daß keine sexuelle Mißhandlung stattgefunden hat. Das Fehlen solcher Symptome ist bei der sexuellen Ausbeutung von Kindern aber eher die Regel als die Ausnahme.

Interviews

J., 29 Jahre, Gärtner

J: Es fing an, als ich neun oder zehn Jahre alt war. Ich bin jetzt neunundzwanzig. Ich bin damals in eine Jugendgruppe eingetreten, in eine Pfadfindergruppe, mit sehr viel Spaß und Freude. Der Leiter dieser Pfadfindergruppe war ein Mann, der bei uns im gleichen Haus gewohnt hat. Er hatte Medizin studiert, seine Doktorarbeit fertig und war deswegen sehr angesehen. Er war an sich sehr sympathisch, freundlich und nett und für meine Eltern, als Leiter der Jugendgruppe, eine Vertrauensperson. Sie kannten ihn eben, er wohnte ja im gleichen Haus. Und zu dem bin ich dann ab und zu mal hochgegangen, wenn zu Hause nichts weiter los war. Zu dem raufgehen und dann mit dem Auto irgendwo hinfahren oder zu irgendeinem Gruppentreffen gehen, das lief am Anfang ganz normal ab. Und irgendwann fing es dann an, daß er Übergriffe gestartet hat, Kabbeleien. Er hielt meine Hand an seinen Schwanz und fing an zu reiben. Damit kam ich überhaupt nicht klar. Das war jemand, zu dem ich Vertrauen gehabt habe, und es war eine Situation, in der ich vorher nie gewesen war. Das war sehr verwirrend. Ich konnte ihn in dem Moment nicht wegstoßen, weil ich nicht wußte, ist es Spiel oder etwas anderes. Mit Sexualität hatte ich bis dahin auch nie etwas zu tun gehabt. Er meinte dann, ihm würde das gefallen, und ob mir das denn auch gefallen würde? Und dann ging es so hin und her; sich auch die Hose auszuziehen und so. Lange Zeit blieb es nur beim Onanieren. Ich mußte ihn befriedigen, und er machte das dann auch mit mir. Das ging bestimmt zwei Jahre. Er tat so, als wollte er mich aufklären. Daß das eben ganz normal sei, ich sollte aber keinem anderen Menschen davon erzählen, weil es dann Schwierigkeiten gäbe. Wenn da mal irgend jemand darauf käme, wenn meine Eltern mich zum Beispiel beim Onanieren sehen und erschreckt gucken würden, dann sollte ich sagen, das hätte ich von irgendwelchen Leuten in der Schule gehört, daß ja kein Verdacht auf ihn fällt. Das wurde dann immer aufdringlicher und unangenehmer, weil ich mit meinen Eltern eigentlich wenig zu tun hatte und diese Jugendgruppe mein Halt und meine Bindung war. Deswegen war ich überhaupt nicht in der Lage zu sagen, das will ich nicht. Es war aussichtslos für mich. Ich habe mich nicht gezwungen gefühlt, das kam eigentlich erst viel später, als es losging mit Klassenkameraden, mit der Pubertät, mit den Spielchen und den Witzen. Da fiel mir auf, eh, Moment mal, ist der schwul oder bist du jetzt schwul oder was heißt denn das: „Du schwule Sau, du Wichser". Das, was da an Schimpfworten aufkam, das habe ich auf einmal alles auf mich bezogen. In dem Moment wurde mir eigentlich erst klar: da passiert etwas, das kannst du gar nicht abraffen. Dann ging er auch dazu über, meinen Penis in den Mund zu nehmen und wollte, daß ich das auch mit ihm mache. Das war total unangenehm. Und er fing damit an, ob nicht auch andere dazu kommen sollten. Als ich mal wieder zu ihm raufgegangen bin – meine Eltern meinten: Geh doch mal rauf zum Fritz, der hat doch Dias aus der Türkei mitgebracht –, da saßen drei, vier Leute in seinem Alter, so um die Dreißig, in seinem Zimmer. Ich hatte geklingelt, und seine Mutter – er wohnte mit seiner Mutter und seinem Bruder zusammen – hat die Tür aufgemacht und gerufen: „Fritz, du hast Besuch", und dann hat er erst seine Tür aufgeschlossen. Wenn ich da war, war das auch immer so gewesen. Er hat immer die Tür abgeschlossen. Da bin ich wieder raus. Das wollte ich nicht. Ich hatte das Gefühl, jetzt sitzt du den Leuten gegenüber, und das, was vorher persönlich zwischen uns gelaufen ist, das soll jetzt mit anderen laufen. Wenn die Tür zu ist, dann kommst du da nicht mehr raus. Ich habe Angst gehabt und bin weggegangen.

I: Vorher hattest du keine Angst?

J: Nein, ich glaube nicht. Solange das zu zweit war, war mir das nur unangenehm, weil ich es nicht einordnen konnte. Jetzt habe ich irgendwie Angst gehabt, es wird zuviel. Ich habe dann versucht, den Kontakt, so weit es geht, abzubauen, nicht mehr hinzugehen und mir alles Mögliche andere vorzunehmen, damit nur keiner auf den Gedanken kommt und mir sagt, na, wenn du Langeweile hast, geh doch mal rauf. Ich habe versucht, ihm aus dem Weg zu gehen, aber das war wegen der Jugendarbeit nicht möglich, da war der immer dabei. Und er hat die Situationen ausgenutzt. Er war Arzt, und als wir mal in Österreich waren und ich einen Pickel auf der Zunge hatte, der weh tat, da war klar, man geht zum Fritz. Und schon machte er die Tür zu und fing wieder an, an einem rumzugrabbeln. Oder er setzte sich im Bus neben mich, alle schliefen, und er legte seinen Anorak über uns und fing wieder an. Du hattest keine Chance. Es gibt niemanden, dem du das mitteilen kannst, und du kannst nicht einordnen, was da passiert. Das war widerwärtig. Aus irgendeinem Grund war er auf einmal weg, von der Bildfläche verschwunden. Er hat dann offiziell an alle Eltern einen Brief geschrieben, er müßte sich jetzt mehr um sein Studium kümmern und die Jugendarbeit deshalb bleiben lassen. Da hatte ich dann die Chance, ein bißchen aufzuleben, natürlich immer mit der Belastung, was hast du da getan, was bist du für ein Mensch. Ich habe mich schuldig gefühlt. Ich wußte nicht, ob ich schwul bin, ob ich ein Triebtäter bin oder die Anlage eines Triebtäters in mir habe.

I: Warum hättest du ein Triebtäter sein sollen?

J: Weil ich das Gefühl hatte, daß er ein Triebtäter ist und daß er dies in irgendeiner Form an mich weitergibt. Ich hatte Angst, in gleiche Situationen zu geraten und es mit Jüngeren zu machen. Ich habe das nie gemacht. Ich habe das dann irgendwie ins Gegenteil verkehrt. Das heißt, ich bin unendlich lange in diesem Verein geblieben und habe selbst Jugendgruppen gemacht. Ich habe versucht, die von allem fernzuhalten. Nach und nach habe ich bemerkt, daß unheimlich viele solcher Leute in diesen Pfadfindergruppen sind. Die machten untereinander auch kein Hehl daraus, auf Jungs zu stehen, auf jüngere. Das äußerte sich zum Beispiel darin, daß Fotografen in der Gruppe, alles liebe, nette Leute, vorwiegend ihre kleinen Zehnjährigen mit Stupsnase und blauen Augen fotografieren. Dazu stehen sie. Mir war das zuwider. Und ich wollte das irgendwie verhindern und meine eigenen Erlebnisse verarbeiten. Es wurde gemunkelt, daß dieser Typ, der Fritz, von irgend jemandem gezwungen wurde, mit der Jugendarbeit aufzuhören. Bei einem Treffen mit türkischen Pfadfindern ist es wohl zu etlichen Übergriffen gekommen. Ich war nicht der einzige Junge, der betroffen war. Ich kenne zwar keine anderen, ich weiß aber, es muß andere gegeben haben. Und ich weiß von Älteren, daß es früher in diesem Verein schon ähnliche Fälle gegeben hat... Man kommt da nicht raus. Die Eltern finden Pfadfindergruppen gut, weil sie einerseits froh sind, ihre Kinder loszuwerden, und andererseits sehen sie, das macht ihren Kindern Spaß. Und die Kinder können sich zu so einem Problem nicht äußern. Mich hat nie irgend jemand darauf angesprochen. Ich habe mich in dem Verein breitgemacht, alle rausgedrängelt, bei denen ich den Verdacht hatte, daß sie in dieser Clique sind.

I: Hast du jemals mit jemandem darüber sprechen können?

J: Nein, zu der Zeit gar nicht. Als ich zwanzig war, gab es einen ähnlichen Fall, einen Typ, der für mich eine Art Vaterersatz war, mit dem ich Schach gespielt habe, der auch viel Jugendarbeit machte und der im Gegensatz zu allen anderen politisch aktiv war, links war. Ich konnte mich mit dem über alles Mögliche richtig fundiert unterhalten. Über ihn wurde geredet, es hieß, der A. hat sich an G. vergriffen, und der A. steht auf kleine Jungs. Er hat das alles abgestritten. Er hat gesagt, tut mir leid, wenn abends der Junge zu mir ins Zimmer kommt und heult sich aus und hinterher eine Story daraus macht, in seiner pubertären Phase ... Da wußte ich nicht, was ich machen sollte. Von da an war ich diesem Menschen gegenüber mißtrauisch, was ich vorher nie gewesen bin. Ich habe mit ihm das Thema nur mal grob angeschnitten; gesagt, ich wüßte, daß dieser Fritz damals nicht nur wegen seines Studiums gegangen ist, man hätte da etwas gemunkelt ... Mich persönlich habe ich nicht reingebracht.

I: Hast du später mit jemandem darüber reden können?

J: Ich habe versucht, mit einer Freundin darüber zu sprechen. Aber die hat das irgendwie nicht verstanden. Sie war eine nette, Männern gegenüber sehr kritische Frau. Dafür habe ich Verständnis. Wenn sie über die Männerwelt klagt, kann ich es verstehen, weil ich das Gefühl habe, das sind Triebtäter. Als sie gesagt hat: „Männer sind alle Scheiße!" habe ich ihr recht gegeben. Oder sie hat mal gesagt, daß ich gar nicht verstehen könnte, warum sie eine solche Angst vor Männern habe oder so eine Abwehrhaltung, weil ich ja sozial überhaupt nicht geschädigt sei ... Da habe ich versucht, darüber zu sprechen, aber sie hat das abgeblockt, und ich bin auch sehr ins Stottern gekommen. Ich wußte nicht, wie fängst du an, oder wo fängst du an.

I: Hast du dich genauso als Opfer gefühlt wie die Frau?

J: Da ja. Zumindest was das Seelische angeht. Ich bin zwar nicht körperlich mißhandelt worden, aber ich fühle mich doch ganz erheblich seelisch verletzt.

I: Ist das jetzt das erste Mal, daß du so ausführlich darüber sprichst?

J: Ja. Ich habe die Annonce in der Zeitung gelesen, und bisher hatte ich mich damit immer irgendwie allein gefühlt.

I: Du bist ja nicht der Einzige.

J: Ja, das zu wissen, tut mir gut. Wenn ich persönliche Kontakte knüpfe, die in irgendeiner Form mit Vertrauen zu tun haben, und ich habe das Gefühl, daß mein Vertrauen, das meistens sehr hoch ist, mißbraucht wird, dann bin ich nicht in der Lage, das zu äußern.

I: Fühlst du dich oft verraten?

J: Ja, schon. Damit enden bei mir meistens irgendwelche persönlichen Beziehungen. Was mich daran ärgert, ist, daß ich das dann niemandem sagen kann. Ich habe das damals nicht fertig gebracht, und ich bringe das auch heute nicht fertig. Ich ziehe einfach nur die Konsequenz und sage: Tschüß, das war's. Mir würde es schon reichen, wenn ich sagen könnte: „Was ist da los, warum mißbrauchst du mein Vertrauen?" Meine Konsequenz ist bei einem Vertrauensbruch, daß ich mich total zurückziehe und über Jahre hinweg überhaupt keinen Kontakt mehr aufnehme, obwohl das alles für mich mal sehr wertvolle Menschen gewesen sind. Ich weiß nicht, ob diese häufigen abrupten Abschiede damit zu tun haben, ich nehme es an.

I: Hast du versucht, mit deinen Eltern darüber zu sprechen?

J: Nein, mit meinen Eltern nicht und mit meiner Schwester auch nicht. Meine Eltern ließen sich gerade scheiden. Mein Vater war nur noch betrunken, meine Mutter fing auch an zu trinken. Mein Vater hatte eine Freundin, und zu Hause ging alles so widerwärtig in die Brüche. Mein Vater hat mir erzählt, er hätte eine Freundin, und da könnte ich doch mit hinziehen. Da wäre eine Tischtennisplatte und ein großer Garten, solche Verlockungen hat er mir angeboten. Das war mir zuwider. Und meine Mutter kam genauso an. Auf einmal fing die Konkurrenz um die Kinder an.

I: Vorher haben sie sich nicht um dich gekümmert?

J: Weniger. Ich hatte wenig persönlichen Kontakt zu meinen Eltern. Als es darum ging, den Ehepartner auszubooten, war ich auf einmal interessant. Mein Vater hat zum Beispiel irgendwann mitbekommen, daß ich angefangen hatte zu rauchen, weil ich den Aschenbecher nicht weggeräumt habe. Bei einem Gespräch bot er mir dann eine Zigarette an, die ich auch genommen habe. Und dann hat er mich zur Sau gemacht, warum ich rauchen würde, was für eine Unverschämtheit. Solche Situationen gab es häufig.

I: Er hat dich reingelegt!

J: Ja. So was passiert mir oft.

I: Wie hast du dich da gefühlt?

J: Ohnmächtig. Und ich bin nicht in der Lage, gegen diese Ohnmacht anzukämpfen. Ich bin nie in der Lage gewesen, irgend etwas hinzuschmeißen oder einen Gegenstand zu nehmen und vor Wut an die Wand zu schmeißen. Ich reagiere meine Wut anders ab. Damals zum Beispiel mit übergroßem Engagement in der Jugendarbeit. Ich habe Wahnsinnsfahrten mit der Gruppe gemacht, und ich habe eine bombastische Zeitung geschrieben, mit Gedichten von mir. Ich habe versucht, die Wut in Kreativität umzulenken. Das ist aber auch gefährlich. Das führt bei mir dazu, zum Workaholic zu werden. Ich habe mich dann in einem Job engagiert, der mir eigentlich total zum Hals raushing. Das war wieder so eine Situation. Ich habe mich abgearbeitet. Ich konnte und wollte nicht mehr zu Hause sein, in meiner Wohnung habe ich es nicht ausgehalten und Überstunden gemacht bis abends um zehn. Prima, dir wird auf die Schulter geklopft, aber es weiß ja keiner, warum du das machst. Es war zwar nur eine rein geschäftliche, distanzierte Basis, und die läuft dann immer sehr gut, aber ich mache mich kaputt dabei, ich komme zu kurz. In dem Moment, wo ich das erkenne, breche ich das ab. Wenn ich das Gefühl habe, daß der Arbeitgeber mich ausnutzt, dann ziehe ich die Konsequenzen und sage: Schluß, aus. Und dann mache ich wieder irgendwo etwas anderes. In der gleichen Art und Weise.

I: Aber du schaffst es immer wieder, du baust immer wieder etwas Neues auf.

J: Ja, bisher bin ich auch immer noch damit klar gekommen. Ich habe aber Angst davor, daß ich das irgendwann nicht mehr bewältigen kann.

I: Kommen wir noch einmal zu den Folgen sexueller Gewalt. Was fällt dir dazu ein?

J: Ich hatte unheimliche Schwierigkeiten, zu Frauen Kontakte aufzunehmen. Weil ich in dem Moment, in dem ich eine Frau anspreche, nicht weiß, spreche ich sie aus irgendwelchen Triebgründen an, aufgrund meines Sexualtriebes, oder spreche ich sie nur an, weil sie mir gefällt. Ich kann Sexualität schlecht einordnen. Das ist so, weil ich mir nicht erklären kann, was diesen Menschen damals dazu getrieben hat. Wenn ich eine Frau anspreche, frage ich mich immer, warum mache ich das jetzt? Will ich nur mit der ins Bett gehen, ist das alles, oder will ich mehr von ihr? Ich bin sehr verunsichert, weil ich persönliches Vertrauen einsetze und nicht weiß, bekomme ich das zurück. In den Beziehungen, die ich zu Frauen gehabt habe, habe ich immer viel gegeben, Einfühlungsvermögen und Anteilnahme gezeigt, Gedichte geschrieben, Bilder gemalt oder etwas Gebasteltes verschenkt. Nach der Trennung von einer Freundin habe ich auch mal sehr viel getrunken, um das zu bewältigen. Da war ich dreiundzwanzig. Das ging über ein volles Jahr und ist auch keinem weiter aufgefallen. Ich bin weiter zu meiner Lehrstelle gegangen usw.

I: Es merkt niemand, wenn es dir schlecht geht?

J: Nein. Ich schaffe es, das bei mir zu behalten, daß das keinem auffällt.

I: Hattest du irgend jemanden, der dich damals getröstet hat? Oder hattest du einen Platz, wo du dich sicher gefühlt hast?

J: Nein. Sicher fühle ich mich an meinen eigenen Plätzen. Die habe ich mir selbst geschaffen. Ich bin mit siebzehn, als das ganze Scheidungsdrama bei uns ablief, kaum noch zu Hause gewesen. Man hatte uns für unsere Jugendgruppe ein Haus zur Verfügung gestellt. Das habe ich ausgebaut von oben bis unten und bin dort mit zwanzig eingezogen. Da hatte ich dann meine Freiräume.

I: Hast du mal an Selbstmord gedacht?

J: Ja. Einmal mit siebzehn, weil ich das Gefühl hatte, daß Menschen nicht in der Lage sind, persönlich vertrauensvoll miteinander umzugehen. Ich habe immer gerade bei Leuten, wo ich Vertrauen erwartet habe, das Gegenteil erfahren. Bei meinen Eltern, bei diesem Fritz, und dann eben bei meiner ersten Freundin. Für mich bricht dann immer die Welt zusammen. Ich hatte das Gefühl, das kann es nicht sein. Menschen sind nicht in der Lage, miteinander umzugehen, und all die Mühe, die ich mir im Umgang mit Menschen mache, ist völlig witzlos. Da habe ich es mit Tabletten und Alkohol versucht, aber das kotzt man aus und fertig. Meine Mutter hat kurze Zeit später auch einen Selbstmordversuch gemacht. Irgendwann hat sie sich wieder mit meinem Vater versöhnt, gezwungenermaßen, weil sie sich ein Eigenheim zusammen aufgebaut haben. Mein Vater war in der Zeit oft betrunken. Der stank dann nach Schnaps. Er kam nach

Hause, betrunken, setzte sich neben mich und grapscht mir ans Bein. In solchen Momenten hätte ich ihn erschlagen können. Meine Eltern haben nie verstanden, warum ich mich so zurückgezogen habe. Konnten sie vielleicht auch nicht, weil sie das auslösende Element nicht gekannt haben. Sie haben mir zeitweise vorgeworfen, ich würde die Familie zerrütten, und überhaupt: wie ich rumliefe mit den langen Haaren. Mein Vater ist bei der Polizei. Ich habe mittlerweile wieder ein Besuchsverhältnis zu meinen Eltern. Die streiten ab, daß ich mich an die ganze Scheidungsprozedur erinnern kann.

Mein zweiter Selbstmordversuch war in der Zeit meines Zivildienstes. Ich habe den Zivildienst mit sehr viel Enthusiasmus angefangen. Ich habe im Rettungsdienst gearbeitet und fand das gut. Es war aber total frustrierend für mich, daß diese Krankentransporte nur auf Geldbasis arbeiten, daß es nur ums Knetemachen ging. Der Dienst wurde zum Streß. Mir wurde immer klarer, daß ich da eigentlich nur ausgebeutet werde. Zu Hause lief auch wieder alles völlig verquer und durcheinander, weil ich ausziehen wollte und meine Eltern mir Vorwürfe machten. Das käme gar nicht von mir, das käme von dem schlechten Einfluß der Leute, mit denen ich zusammen war. Was, du willst mit dem zusammenziehen, der seinen Vater ins Grab gebracht hat usw. Das war für mich ausweglos. Eines Morgens habe ich mich ganz bewußt in ein Auto reingesetzt und gesagt: Heute ist der 11. 11., um 11 Uhr 11, da passiert etwas. Und dann bin ich bei Schnee und Schneematsch voll mit der Kiste durch die Gegend gefahren, Radio aufgedreht und das einfach ausgereizt. Das war eher so ein Spiel: laß es laufen, ich mache nichts mehr. Das hat alles keinen Sinn, mal sehen, was kommt. Und dann habe ich einen Wahnsinnsunfall gedreht. Danach habe ich ein anderes Leben angefangen. Ich war gar nicht verletzt. Es war nur ein Wahnsinnsgefühl, mit dem Auto durch die Gegend geschleudert zu werden, nichts mehr machen zu können, alles rauscht in Sekundenschnelle an einem vorbei, es tut einen Riesenschlag, und ich sitze mit dem Lenkrad auf der Rückbank. Ich habe mich tagelang in einer anderen Welt gefühlt. Seitdem lasse ich das Leben auf mich zukommen. Ich bin nicht mehr bereit, irgend etwas zu planen, und ich hätte auch nichts dagegen, wenn ich sterben würde. Ich akzeptiere einfach, daß ich lebe, und das ist etwas, was ich vorher nicht gekonnt habe. Vorher habe ich immer versucht, irgend etwas aus meinem Leben zu machen. Und das wollte ich seit dem Tag eigentlich nicht mehr. Ich hänge auch nicht sehr an meinem Leben.

I: Wechselst du häufig deine Arbeitsstellen?

J: Nein. Ich habe Gärtner gelernt und vorher ein Forstwirtschaftspraktikum gemacht. In dem Praktikum habe ich im Prinzip als Holzfäller gearbeitet. Und auch da war es so: Der Baum, den du da fällst, der kann dich erschlagen. Das fand ich gut, das Gefühl. Ich habe nichts bewußt riskiert. Ich habe mehr als sicher gearbeitet. Aber das Gefühl war gut. Und jetzt als Gärtner bin ich derjenige, der gerne in hohe Bäume klettert. Die können nicht hoch genug sein. Ich säge dann mit der Motorsäge die Äste ab. Dann nehme ich mir ein Seil mit, um die Säge anzubinden, aber kein Seil, um mich anzubinden. Ich habe dabei immer das Gefühl, die Tätigkeit sicher im Griff zu haben. Ich habe auch keine Angst, die ist weg. Weil ich mir sage, das beherrsche ich, und es kann ein dummer Zufall sein, wenn was passiert. Ich finde es von meiner eigenen Philosophie her falsch, für mein Leben zu kämpfen. Den Sinn des Lebens, den Sinn des Menschen kann ich nicht erkennen, und von daher habe ich nichts dagegen, wenn es weniger Menschen werden.

I: Das klingt sehr bitter.

J: Ich engagiere mich aber gern. Vor einem Jahr habe ich mich für einen Entwicklungshelferjob beworben. Das hätte ich wahnsinnig gern gemacht. Und das lief auch in den Vorbereitungen sehr gut. Zum Schluß hatte ich endlich eine Stelle. Und das habe ich dann abgelehnt, weil ich zu wenig Informationen gekriegt hatte. Ich fühlte mich im Stich gelassen. Wenn es in der Vorbereitung schon so schlecht läuft, dachte ich, dann kümmert sich dieser Verein um seine Entwicklungshelfer auch nicht, wenn sie Zehntausende von Kilometern weit weg sind. Das Feigenblatt für die deutsche Entwicklungshilfe wollte ich nicht sein.

I: Wie geht es dir jetzt, wenn du über den sexuellen Mißbrauch sprichst?

J: Im Moment geht es mir ganz gut. Ich habe vorher lange überlegt. Machst du das mit, sollst du dich da irgendwie vorbereiten, etwas aufschreiben. Irgendwie habe ich auch die Hoffnung, vielleicht jemandem helfen zu können, wenn ich darüber rede. Vielleicht kann jemand anderer dann darüber reden. Oder ist vielleicht sogar in der Lage, jemanden anzuzeigen.

I: Möchtest du diesen Mann noch anzeigen?

J: Nein, das ist zu lange her. Ich hätte vielleicht auch ein schlechtes Gewissen, weil ich dem gesagt habe, ich schweige darüber. Ich hätte ihn angezeigt, wenn ich gemerkt hätte, daß der das wieder macht. Wenn ich den konkret in so einer Situation erwischt hätte.

Der sexuelle Mißbrauch dauerte, bis ich dreizehn, vierzehn Jahre alt war. So mit elf, zwölf Jahren hatte ich trotzdem das Gefühl, daß er sich um mich kümmert. Irgendwie war er für mich eine Art Elternersatz. Jemand, bei dem ich mich mit allem möglichen auch mal hätte aussprechen können, bei dem ich das Gefühl hatte, der hat eine persönliche Beziehung zu mir. Der erste Mensch, der eine bewußte persönliche Beziehung zu mir aufgenommen hat. Meine Eltern waren keine Rabeneltern, sie haben mich nicht geschlagen oder irgend so etwas. Ich habe mich nur bewußt irgendwann vernachlässigt gefühlt. Ich war sehr vereinsamt zu Hause. Das habe ich meinen Eltern auch massiv vorgeworfen. Sie sitzen den ganzen Abend vor der Glotze, und wenn ich irgend etwas auf dem Herzen habe, heißt es: Sei mal ruhig. Ich habe mich dann zurückgezogen... Während der Pubertät habe ich schon versucht, mit meinen Eltern zu reden. Und festgestellt, daß es Dinge gibt, die für meine Eltern wichtiger sind.

I: Hattest du einen engen Kontakt zu deiner Schwester?

J: Ich habe wenig Kontakt zu meiner Schwester gehabt.

I: Wie kam das? Ihr seid vom Alter her sehr eng zusammen.

J: Ich war schon sehr früh wenig zu Hause, mit neun Jahren war ich sehr viel bei den Pfadfindern. An die Zeit davor habe ich wenig Erinnerungen. Es gab die übliche Konkurrenz zwischen Geschwistern. An gemeinsame Spiele oder gemeinsames Toben kann ich mich nicht erinnern. Mit dreizehn, vierzehn hatten wir gar keinen Kontakt mehr. Da war meine Schwester für mich das Mauerblümchen, die nur zu Hause sitzt und ihre blöden Pferdebücher liest. Da habe ich etwas Handfesteres gemacht. Ich hatte viele Bekannte, mit denen ich dann auch abends zusammen war. Ich hatte viele Leute, die mit mir prima zurechtgekommen sind, mich toll fanden, und mit denen ich gut zurechtgekommen bin. Persönliche Freunde waren das allerdings nie. Ich habe sie alle auf Distanz gehalten... Ich hatte immer wenig gleichaltrige Freunde. Entweder jüngere, durch meine Jugendarbeit, oder eben ältere Männer. Ich bin aber nie wieder sexuell mißbraucht worden. Die Angst war immer in meinem Kopf. Auch die

Angst, was andere Leute darüber denken, daß ich nicht mit Gleichaltrigen zusammen bin, sondern mit Älteren.

I: Als du mißbraucht worden bist, hattest du da auch Angst, daß das jemand entdecken könnte?

J: Nein, am Anfang hatte ich nur Angst, daß dann diese Beziehung zu dem Fritz zu Ende ist. Mit dreizehn, vierzehn hatte ich natürlich auch Angst, daß ich dabei entdeckt werde. Und daß ich dann als Schwuler gelte.

Ich mache mir viele Gedanken über mich, mein Leben, über die Lebensformen von anderen Leuten und über meine Sexualität. Es ärgert mich, daß ich da eine Blockade vorfinde. Daß da ein Erlebnis ist, das mich mit Sicherheit beeinflußt hat, und das ich nicht abschütteln kann. Wenn ich mit einer Frau schlafe, habe ich zum Beispiel Angst, der Frau weh zu tun, ich habe aber auch Angst davor, die Frau nur auszunutzen.

I: Hattest du früher oft Alpträume?

J: Eigentlich nicht. Ich hatte nur zwei Alpträume, die ich mir überhaupt nicht erklären kann. Ich war in der Zeit mit meiner Pfadfindergruppe in Spanien und habe davon geträumt, alle niederzumetzeln. Ich als Zorro im weißen Hemd, der alle auf Schwerter aufspießt und dann in die Ecke drückt. Und das werden dann immer mehr, und irgendwann kann man das nicht mehr halten, Eltern klingeln an der Tür, wo die Kinder bleiben, und nix ist. ... Und dann habe ich im Prinzip noch einmal das gleiche geträumt, daß ich meine Oma auf die gleiche Art und Weise umbringe. Meine Oma hat mir nie etwas getan. Ich komme eigentlich mit meiner Oma sehr gut klar, im Gegensatz zu meinen Eltern. Sie ist wirklich ein Mensch gewesen, die überhaupt nicht zu diesem Traum paßte.

I: Du bist ja von Erwachsenen verraten worden. Dich hat niemand geschützt, dich hat niemand gefragt, was mit dir los ist.

Du wirst deine Verwirrung in irgendeiner Form signalisiert haben. Und da ist niemand auf dich zugekommen und hat das hinterfragt. Ich kann mir vorstellen, daß dich das sehr wütend gemacht hat, so verraten und vernachlässigt worden zu sein.

J: Ja, und vor allem zu sehen, das ist nicht nur der eine Mann, sondern im Prinzip sind das alle. Alle potentiellen Täter habe ich dann aus dem Verein rausgedrängelt. Eigentlich habe ich zuviel für andere getan. Das ärgert mich dann immer. Irgendwann kommt der Punkt, da hast du das Gefühl, daß niemand anerkennt, was du tust. Irgendwann wurde das den Eltern dieser Kinder suspekt, daß die Kinder immer zu mir hin wollten.

I: Du hast diese Kinder geschützt, in dem du Männer rausgedrängt hast, die die Kinder mißhandeln wollten.

J: Ich habe sie auch gestört. Ich hatte oft das Gefühl, wenn ich jetzt nicht hier wäre, würde zwischen denen irgend etwas ganz anderes ablaufen.

I: Das hört sich anstrengend an.

J: Ja. Ich habe immer wieder Angst, gerade im Beruf, daß ich mich für irgend etwas engagiere, wovon ich überhaupt nichts habe, was nur dazu dient, anderer Leute Geldbeutel zu füllen. Immer ist da dieses Bild von Mißbrauchtwerden, und die Angst, es dann nicht sagen zu können. Und wenn das Gefühl von Ausgenutztwerden zu stark wird, dann gehe ich sofort. Dann fühlen die anderen sich hilflos, und das will ich auch. Das ist eine Form von Genugtuung.

I: Wie könnte sich deine Verwirrung geäußert haben, als du sexuell mißbraucht worden bist?

J: Ich habe mich zurückgezogen. Ich wurde immer stiller. Oft war das so, daß ich zum Fritz raufgegangen bin, war dann da für zwei bis drei Stunden, und bin dann mit ihm zu meiner Pfadfindergruppe gegangen. Falls meine Eltern mich gefragt haben, was mit mir los sei, haben sie dann nur an die Gruppe gedacht. Dann hatte ich auch wieder eine Möglichkeit, eine Antwort darauf zu geben. Und sonst habe ich mich eben in mein Zimmer zurückgezogen. ...

Ich wüßte nicht, wie ich dem heute gegenübertreten sollte.

I: Du hast ihn nie wieder gesehen.

J: Doch, ich habe ihn später mal wieder gesehen, da war ich siebzehn, achtzehn. Ich sollte mir von ihm für eine Fahrt nach Wien irgendwelche Informationen oder Adressen geben lassen. Und dadurch habe ich ihn wiedergesehen. Das war unheimlich merkwürdig. Ich hatte das Gefühl, einem großen Arschloch gegenüberzustehen, und er kann nichts sagen. Ich habe mich mächtig gefühlt.

Ich bin überhaupt nicht auf den Mißbrauch eingegangen, das ging nur über Blicke, daß der wußte, Finger weg, Vorsicht. Ich bin mir der Sache bewußt und habe auch den Mut, ihm wieder gegenüberzutreten.

I: Du bist nicht mehr Opfer.

J: Nein. Ich habe damit nichts bereinigt für mich, sondern das war einfach nur zu zeigen, hier, ich bin noch da.

I: „Du hast mich auch nicht kleingekriegt."

J: Vielleicht ist das auch nicht seine Absicht gewesen. Mir ging es wirklich nur darum, es weiterhin zu verhindern. Aber nicht durch Verrat.

I: Du nennst es immer noch Verrat, wenn du es offengelegt hättest?

J: Ja, so spontan ja.

Ein paar Tage nach dem Interview schickte J. folgenden Brief:

Ich habe das Gefühl, mit der Bereitschaft zu dem Interview eine Mauer eingerissen zu haben, die mir schon lange im Weg war. Und, um bei dem Bild zu bleiben, die Steine sind zwar noch da, die Belastung nicht weniger, aber die Sicht ist doch wesentlich befreiter.

Als ich nach Göttingen gefahren bin, habe ich hier allen erzählt, ich würde zum Geburtstag eines alten Freundes fahren. Nun, der da geboren werden sollte, war ich. Mein dritter Geburtstag. Der zweite war mein inszenierter Autounfall, der mich die erwürgende Perspektivlosigkeit ertragen ließ. Von da an bezeichnete ich mich als Traumtänzer über dem Abgrund der Gegenwart. Nun, mit meinem dritten Geburtstag, werfe ich meinen Balancestab in die gaffende Masse und werde ihnen den heißesten Strip vorführen, bei dem sie erschreckt feststellen, daß mir Flügel gewachsen sind. Ich muß nun nicht mehr abstürzen, um ihnen gefährlich nahe zu kommen. Ich stelle es also frei, Namen zu nennen, wo es notwendig erscheint. Ich halte es weiterhin für notwendig, das Interview noch zu ergänzen. Es ist von mir etwas ausgelassen worden. Zum Teil aus Scham, aber doch irgendwie unbewußt, so im Redefluß; auch sind mir diese Dinge erst jetzt wieder eingefallen, wo ich die Steine einzeln betrachten kann.

Ganz am Anfang habe ich versucht, meine Schwester nach den bis dahin unverfänglichen Doktorspielen zum Geschlechtsverkehr zu ‚überreden', mit dem Argument, das würden unsere Eltern doch auch machen. Sie wollte nicht, und damit war die Sache auch erledigt. Ich glaube, verstanden hat sie das nicht, zumindest hat sich dadurch an unserem Geschwisterverhältnis nichts verändert. Natürlich wurde auch meine Freundschaft zu meiner Schulfreundin völlig gestört. Wir waren beide zirka zehn, sie wohnte ebenfalls im gleichen Haus, und wir konnten uns bis dahin völlig unbefangen küssen. Mit der Unbefangenheit war für mich auf einmal Schluß. Sie war nun zum Sexualobjekt meiner Gedanken geworden, eine Hoffnung auch, mir selbst eine Normalität bescheinigen zu können. Das in dem Alter. Aber die Hoffnung zerplatzte, als sie Schminke entdeckte und Jungs mit Mofas. Beim Spielen hat sie sich immer mal rückwärts in meine Arme fallen lassen. Fünf-, sechsmal habe ich sie aufgefangen, dann bin ich einen Schritt zur Seite gegangen, und sie ist voll auf den Boden geklatscht. Warum? Den Seitenschritt habe ich sofort abgestritten.

Ich habe natürlich auch das Schlafzimmer meiner Eltern durchforstet. Auf dem Nachtschrank meines Vaters lag ein Porno mit der Abbildung eines freudestrahlend onanierenden Mannes. Als das Ding im Altpapier gelandet war, habe ich es herausgefischt und meine Mutter gefragt, was der Mann da macht, und ob das mein Vater auch macht. „Nein, schmeiß das weg, das macht man nicht. Solche Hefte sind verboten. Da ist dein Vater dienstlich dran gekommen."

Später, mit zwölf, dreizehn, wurde mit zwei gleichaltrigen Freunden aus der Pfadfindergruppe aus dem üblichen Gerede über Sex Ernst. Mit dem einen schlief ich nachts oft nebeneinander, da haben wir uns gegenseitig einen hochgeholt. Den anderen Freund habe ich oft besucht und zu den Gruppentreffen abgeholt. Der hat mir dann mal zeigen wollen, daß man einen Penis auch in den Mund nehmen kann. Normale, spielerische Erfahrung von Sexualität unter Kindern? Für mich nicht. Meine Erfahrungen habe ich geleugnet, meine Freundschaft zu diesen Jungen abgebaut. Ich war zwar irgendwo nicht mehr der einzige, aber nun waren eben alle unnormal. Jede Bewegung, jedes Versteckspiel, jede Äußerung habe ich anders gesehen. Die Verwirrung war komplett, als ich den Fritz mit anderen in seinem Zimmer sah. Und, auch das fällt mir wieder ein, es waren ein Mann und eine Frau im Minirock ohne Strümpfe. Die Luft in dem kleinen Zimmer war so schwül, man hätte sie schneiden können. Ich stand denen kurz gegenüber an der Wand, und die wollten alle, daß ich bleibe.

Eine Reaktion auf dieses Erlebnis war, daß ich nicht mehr auf unseren Balkon gegangen bin, denn Fritz' Balkon lag schräg darüber. Von da hat er mich besonders gern und in aller Öffentlichkeit zu sich gebeten.

Geburtstage, auf denen getanzt wurde, waren mir zuwider. Auch nach Aufforderung war ich nicht bereit, mit einem Mädchen zu tanzen. Da habe ich lieber mit Alk experimentiert. Ich habe die Rolle des Exoten gerne angenommen, ich habe den einsamen Cowboy, den freundlichen Clown gespielt und so meine Verstörtheit versteckt. Keine meiner wenigen Freundinnen habe ich aus eigener Initiative angemacht, und um so härter sind natürlich die Verluste.

Als ich dann mit dreiundzwanzig zum ersten Mal mit einer Frau wirklich geschlafen habe, kam es mir zunächst wie eine riesige Befreiung vor, war doch endlich etwas von Normalität zu erkennen. Trotzdem blieb und bleibt alles unnormal, ist der Knoten aus Widersprüchen dann, wenn es für einen dringend erforderlich wäre, nicht zu lösen. Der Mißbrauch, dem man nicht entfliehen konnte, setzt sich fort in der Unfähigkeit, der Vergangenheit zu entfliehen, Gegenwart unbefangen zu erleben. Wäre doch der Preis der Entblößung der eigenen Persönlichkeit, sie dem Spott und der Lüsternheit der Gaffer und Voyeure auszusetzen, oder doch bestenfalls dem verständnislosen Kopfschütteln oder der Abkehr von so einem „Wrack".

Sonstige Merkmale: Bettnässer bis vierundzwanzig, tiefe aber kurzzeitige Depressionen, Neigung zur Selbstzerstörung, Neigung zum Größenwahn, Zuckungen und Krämpfe im Schlaf, das Gefühl zu fallen.

Ja, ich will anklagen! Die, die mit ihrer verquasten Pädophiliediskussion glauben, ein Stück Freiheit zu erkämpfen, und die, die dagegen den erbosten Zeigefinger heben und von Kindersex polemisieren. Sind es doch gerade sie, die die Nischen und Tabus aufrechterhalten, in denen so etwas möglich ist.

J.

A., 22 Jahre, Tischlerlehrling

A: Angefangen hat alles, da war ich etwa drei, vier Jahre alt. Ich habe ganz erschreckende Erinnerungsblitze an diese Zeit. Meine Mutter hat mich damals ziemlich oft geschlagen, und mein Vater war für mich immer unheimlich dominant. Ich hatte große Angst vor ihm. Das fing sonntags morgens an, wenn meine Schwester und ich aufwachten, und es im Kinderzimmer laut wurde. Da riß er auf einmal die Tür auf und schmiß einen Pantoffel ins Zimmer. Und zwar mit ziemlicher Wucht, manchmal traf er uns auch. Wir hatten höllische Angst vor unserem Vater. Da waren wir noch ganz klein. Meine Schwester ist drei Jahre älter als ich. An so einem Sonntag hat er mich dann aus dem Kinderzimmer rausgeholt ins Wohnzimmer. Ich weiß noch, daß das Wohnzimmer dunkel war. Die Jalousien waren noch unten. Er hat sie auch nicht hochgezogen, es fand alles im Dunkeln statt. Er hat mich mit ganz lieber Stimme ins Wohnzimmer gebracht. Ich habe überhaupt nicht geschnallt, was er von mir wollte. Ich weiß nicht mehr genau, ob er mich dann ganz ausgezogen hat oder nur die Hose runtergezogen, und hat mir dann am Glied gelutscht. Es muß wohl mehrere Male gewesen sein. Er hat mich dann mehrmals sonntags – er war immer nur sonntags zu Hause – ins Badezimmer geholt, mir die Hose ausgezogen, und mich auf die Waschmaschine gesetzt. Da wollte er eben, daß ich auch an seinem Glied lutsche. Und ich weiß noch ganz genau, wie groß das war, einfach riesig, und auch so hoch für mich als Drei-, Vierjährigen. Damit ich dann nicht schmecke, wie widerlich das schmeckt, hat er mir einen Lolli in die Hand gedrückt. Er hat mir den Lolli mit dieser Begründung gegeben. Es kostet mich unheimliche Überwindung, das Wort „lutschen“ auszusprechen. Wenn ich sage, daß ich ein Eis lutsche, wird mir schon übel. Ich mußte ihn richtig mit dem Mund befriedigen. Bei mir hat er das ja auch gemacht. Da kann ich nun nicht sagen, daß ich das als unangenehm empfunden habe, im Gegenteil, ich fand das angenehm. Aber ich wußte damit überhaupt nichts anzufangen. Ich wußte gar nicht, was los ist. Für mich war das völlig unverständlich, was wir da gemacht haben. Es ist für mich schon komisch, daß weder meine Mutter das mitbekommen hat, daß sie nie in das nicht abgeschlossene Badezimmer gekommen ist, oder meine Schwester, oder sonst irgend jemand etwas gemerkt hat. Niemand wußte das von mir. Ich habe das erst gesagt, als meine Eltern sich getrennt haben und meine Schwester damit rausgerückt ist. Mit der hat er das auch gemacht. Ich habe das nie gemerkt. Es kam alles erst raus, als meine Eltern sich scheiden ließen. Ich war damals etwa zwölf Jahre alt, konnte aber nur sagen, daß mein Vater mich sexuell mißbraucht hatte. Vor einem halben Jahr konnte ich zum ersten Mal wirklich darüber reden. Was für mich grauenhaft ist, ist aber weniger die Erinnerung an die Mißhandlungen. Was danach gekommen ist, hat mir Angst vor mir selber gemacht. Er hat in mir das Bedürfnis geweckt, das Gefühl wieder haben zu wollen. Ich habe mir als Kind gewünscht, daß das wieder jemand mit mir macht, aber nicht er. Ich habe damals schon eine kleine Freundin gehabt, die das gemacht hat. Die habe ich dazu aufgefordert, auf die gleiche Art wie er. Das war aber nicht das einzige Mal, sondern ich habe das noch mit mehreren Kindern danach getan. Es war immer irgendeine, die ich dazu aufgefordert habe. Es lief aber auch gegenseitig. Mir ekelt vor mir selber, wenn ich daran denke. Ich schäme mich dafür. Auch heute noch, wo ich mir einigermaßen darüber im klaren bin, daß ich nichts dafür kann, ekelt es mich noch vor mir selbst. Lange Zeit hatte ich unheimlich damit zu kämpfen, daß ich andere Leute für mich benutzt habe und dasselbe gemacht habe wie er. In unserer Familie war ich das absolute Schlußlicht. Von meinem Vater bin ich ab und zu geschlagen worden, von meiner Mutter bin ich ziemlich viel geschlagen worden, als ich klein war, und ich mußte früher oft zu meiner Großtante, die mich ziemlich oft geschlagen hat. Ich weiß, daß auf mir früher manch ein Bügel kaputt gegangen ist. Das schlimmste ist für mich, daß zwischen meiner Schwester und mir auch ähnliche Sachen abliefen. Das ging immer von meiner Schwester aus, und lief bis zur Scheidung meiner Eltern. Ich beschäftige mich zur Zeit sehr mit dem sexuellen Mißbrauch durch meine Schwester, aber ich möchte jetzt nicht weiter darüber reden. ... Ich habe mich lange auch vor mir selber geekelt. Es war für mich schwer, in den Spiegel zu schauen und zu denken, daß ich das bin. Dieses Widerliche, andere gleichaltrige Kinder genauso zu verführen, wie er das mit mir gemacht hat. Ich konnte es aber auch nicht bleiben lassen. Das dauerte bis ich etwa zehn Jahre alt war. In der Pubertät fing ich dann an, das aufzuarbeiten. Heute kann ich mit meiner Freundin schlafen, ohne daß ich da irgendwelche Hintergedanken habe. Auch heute noch habe ich unheimliche Angst, daß meine Freundin das Gefühl hat, von mir ausgenutzt zu werden. Es fällt mir schwer, auch eigene Wünsche zuzulassen. Es ist mir wahnsinnig wichtig, daß meine Freundin sich wohlfühlt und daß es für sie angenehm ist. Das ist mir viel wichtiger, als daß ich meine eigenen Wünsche äußern könnte.

I: Hast du das Gefühl, du hast kein Recht auf deine eigenen Wünsche?

A: Schon. Aber ich habe immer Angst, daß das umkippt.

I: Sind dir deine eigenen Wünsche unheimlich?

A: Es geht so. Es ist wie Licht und Schatten. Teilweise sind sie mir unheimlich, teilweise weiß ich, daß ich sie auch äußern kann. Ich äußere sie ja auch. Ich habe immer das Gefühl, auch weil ich so klein war, daß ein Gefühlsgespenst in mir rumspukt, und von Zeit zu Zeit wieder auftaucht. Im Moment ist es wieder ganz schrecklich durch den Verdacht, den meine Schwester und ich momentan gegenüber meinem Vater hegen. Wir befürchten, daß er eventuell seine Patenkinder sexuell mißbrauchen könnte. Und wir versuchen, dagegen etwas zu unternehmen. Dadurch ist das jetzt ganz präsent für mich, und ich lese auch viel darüber. Was für mich aber am allerschrecklichsten ist, ist die Angst, daß ich genau dasselbe mit meinen oder anderen Kindern machen könnte. Ich glaube, wenn mir das passieren sollte, das wäre der einzige Punkt, wo ich sofort Selbstmord begehen würde. Das würde ich nicht aushalten.

I: Hast du früher an Selbstmord gedacht?

A: Ich habe mehrere Versuche hinter mir. Mit sieben war es das erste Mal. Da habe ich damals gedacht, wenn ich unter der Bettdecke einschlafe, dann ersticke ich, und wache morgens nicht mehr auf. Und ich habe es dann irgendwann einmal tatsächlich geschafft, unter der Bettdecke einzuschlafen, bin morgens aber trotzdem aufgewacht und habe festgestellt, daß nichts passiert ist. Danach habe ich mehrmals mit dem Gedanken gespielt, war schon kurz davor. Ich weiß noch ganz genau, daß ich, als ich klein war, mit meiner Schwester von zu Hause weglaufen wollte, und wir uns auch schon ein Versteck ausgesucht hatten. Wir wurden zu Hause halt sehr häufig von unserer Mutter geschlagen. Schlimm war die Hundekette. Aber die schrecklichste Erinnerung habe ich an das Springseil. Ich war ungefähr vier oder fünf Jahre alt, da tauchte bei uns zu Hause ein Springseil auf. Ich hatte das nie vorher gesehen. Meine Mutter war wahnsinnig wütend, weil sie dachte, wir hätten das Seil geklaut. Und dann fragte sie nur: Wem gehört das? Und meine Schwester sagte, es sei von unserem Nachbarn, ich hätte das mitgebracht. Ich hatte das aber nicht mitgenommen, das weiß ich noch ganz genau. Meine Mutter ist zu mir gekommen, hat mir das Seil gezeigt, hat mich fürchterlich angeschrieen und mich mit dem Seil geschlagen. Und nicht nur einmal, sondern ganz oft. Ich weiß noch, daß ich hinterher richtige Striemen hatte. Sie hat mir dann geholfen und die Striemen mit Salbe eingerieben. Erst hat sie mich geschlagen, dann ist sie zu dem Nachbarn rüber, und hat ihn dann erst gefragt, ob das Seil ihm gehört und es ihm gegeben. Dann ist sie zu mir gekommen und hat geheult und hat mir die Striemen eingerieben. Ich habe sie gar nicht wahrgenommen. Ich habe sie teilweise gehaßt. Meine Mutter hat mich immer aus nichtigem Anlaß geschlagen.

I: Gab es auch Anläße, wo du überhaupt nicht erwartet hast, geschlagen zu werden?

A: Es waren immer Kleinigkeiten. Beispielsweise war mal Reif auf der Fensterscheibe gewesen, und wir haben Gesichter reingemalt. Da gab es Prügel. Wir fingen häufig schon aus Angst vor Schlägen an zu heulen. Sie hat uns häufig auch ohne Grund geschlagen. Wenn sie beispielweise anfing sauber zu machen, und wir ihr im Weg waren, hat das fast immer Schläge bedeutet. Ich habe mich dann immer ganz weit weg verkrümelt. Und das Schlimme war, daß sie sagte: „Wenn du jetzt weinst, dann haue ich erst richtig zu. Dann hast du Grund zu weinen." Ich glaube, das letzte Mal habe ich mit zwölf richtig geweint. Ich kann seit Jahren nicht mehr weinen. Aber ich bin mittlerweile zuversichtlich, daß ich irgendwann wieder weinen kann.

I: Wie hat deine Mutter reagiert, als sie erfahren hat, daß du von deinem Vater sexuell mißbraucht worden bist?

A: Sie war schockiert. Meine Schwester hat ihr im Alter von etwa drei Jahren zum ersten Mal von den sexuellen Mißhandlungen erzählt. Sie hat gesagt: „Du Mammi, der Pappi faßt mich dauernd an der Scheide an." Ich weiß nicht, wie sie da reagiert hat. Meine Mutter hat sie, glaube ich, nicht ernst genommen, weil meine Schwester nie wieder darüber gesprochen hat. Zwischen meiner Mutter und meiner Schwester war das Verhältnis ganz schlecht. Meine Schwester hat dann später sechs Jahre lang überhaupt nicht mehr mit meiner Mutter gesprochen.

I: Aber ihr habt nach der Scheidung bei deiner Mutter gelebt?

A: Das war dann so, daß meine Schwester es gesagt hat. Meine Mutter war völlig hilflos und ist dann mit uns zur Erziehungsberatung gegangen. Da fing eigentlich für mich die erste Therapie an. Ich habe eine Spieltherapie gemacht, und parallel dazu hatten wir zu dritt Familientherapiesitzungen. Später wechselte das bei mir in eine Gesprächstherapie. Ich bin eigentlich, seit ich dreizehn bin, mit längeren Unterbrechungen in therapeutischer Behandlung.

I: Wann haben die Schläge aufgehört?

A: Seit der Trennung meiner Eltern bin ich nie wieder von meiner Mutter geschlagen worden. Völlig abrupt war das zu Ende. Meine Schwester und ich haben uns früher auch viel geprügelt. Unser Verhältnis war früher ganz schlecht. Im Grunde hatten wir uns auch wahnsinnig lieb, aber trotzdem hatten wir uns schrecklich in der Wolle. Ich habe das Gefühl, daß wir den Druck, den wir von meinen Eltern bekommen haben, aneinander ausgelassen haben.

I: Hattest du irgendeinen Menschen, in dessen Gegenwart du dich einigermaßen sicher gefühlt hast?

A: Ich fand eigentlich erst jemand in der sechsten Klasse, das war mein Deutschlehrer. In der Zeit fing dann die Trennung meiner Eltern an. Das ging hin und her und dauerte fast zwei Jahre. Mein Vater hatte zusätzlich zu meiner Mutter, die wohl einiges über sich ergehen lassen mußte, und meiner Schwester und zeitweise auch mich, auch noch mehrere Freundinnen. Ein Monster, würde ich mal sagen. In der Zeit hatte er halt auch eine Freundin und meine Mutter hat ihn dann irgendwann rausgeworfen. Dann war er drei Monate bei seiner Freundin, dann wieder bei uns und dann wieder bei ihr usw. Als Kind hatte ich niemanden. Ich habe mich unheimlich lange allein gefühlt, ganz allein. Alleingelassen auch im Spiel, und ich war auch in der Schule immer der Außenseiter. Das hat sich erst in der zehnten Klasse geändert. Ich war bis zur neunten Klasse Außenseiter, obwohl ich die Schule gewechselt habe. Ich habe dort richtigen Psychoterror erlebt und auch große Angst gehabt. Es gab dort eine Gruppe von Jungen, die ständig gedroht haben, mich zusammenzuschlagen. Zwei Jahre lang haben sie mir ständig aufgelauert. Für die war das ein Spiel, aber für mich war das Ernst. Ich hatte höllische Angst, zur Schule zu gehen. Das war dann schon im Gymnasium. Ich war auch komisch, das weiß ich genau. In der fünften, sechsten Klasse hatte ich meinen Jesusfimmel. Mein absolutes Idol war Jesus, und ich wollte so sein und so werden wie er. Mein größter Wunsch war, Priester zu werden.

I: Du wolltest erlöst werden?

A: Ja, ich denke schon. Dann lief ich auch in der Schule immer mit so einem großen Kreuz rum. Und wenn dann mal jemand nett zu mir war, dann nur, weil er irgend etwas Hinterhältiges von mir wollte. Mit meinem Vater war das eigentlich immer ganz komisch. In einer normalen Familie freuen sich die Kinder, wenn der Vater von der Arbeit nach Hause kommt, fallen ihm um den Hals und jubeln. Wenn er nach Hause kam, mußten wir nach oben in unsere Zimmer gehen und uns möglichst ruhig verhalten, damit er erst einmal ins Wohnzimmer gehen, Schuhe ausziehen und sich ausruhen konnte. Wir durften ihn nicht sofort begrüßen. Und dann durften wir nach unten kommen, guten Abend sagen und wieder nach oben gehen. Das war alles an Kommunikation wochentags, weil er seine Ruhe haben wollte. Mein Vater ist in einem technischen Beruf tätig. An Wochenenden haben wir auch kaum zusammen gespielt. Ich habe wenig gute Erinnerungen an meinen Vater. Wirklich schön war, wenn wir mit ihm rumgetobt haben. Ansonsten hat er immer Sachen von mir gefordert, die ich nicht erfüllen konnte. Beispielsweise hat er mal meiner Schwester – da war ich so acht, neun – beigebracht, wie man ein Fahrrad flickt. Und das sollte ich dann natürlich auch lernen. Ich habe das einfach nicht geschafft, das war alles für mich viel zu groß und zu schwer und überhaupt nicht hinzukriegen. Meine Mutter hat das hinterher auch erzählt, wie er mich dann immer angeschrieen hat. Und er hat mich auch geschlagen, weil ich es nicht hingekriegt habe. Meine Mutter hat erzählt, sie stand drinnen in der Küche und hat geheult, weil er so mit mir umgegangen ist. Ich war im Vergleich zu meiner Schwester mehr der Liebling meiner Mutter. Meine Schwester ist öfter von ihr geschlagen worden. Ich weiß gar nicht, wie oft das war. Ich weiß nur, daß wir immer unheimliche Angst vor ihr hatten.

I: Du konntest ja keinen Augenblick Kind sein.

A: Nein, Kind sein konnte ich erst in der Spieltherapie, und da auch nur ein gekünsteltes Kind. Ich konnte nicht mehr richtig Kind sein. Ich hatte auch das Gefühl in der Therapie, dort etwas nachholen zu wollen, und es nicht mehr zu können. Ich habe mich dort komisch gefühlt. Teilweise konnte ich mich dort fallen lassen, und dann hatte ich auch wieder das Gefühl, ich spiele mir selbst etwas vor. Im

Moment ekelt es mich total vor meinem Vater. Mich widert es schon an, mit ihm am Telefon sprechen zu müssen, seine Stimme zu hören. Nach außen hin ist er der netteste Mensch überhaupt. Wir waren auch früher nach außen hin die intakte Familie. Es waren alle völlig schockiert, als meine Eltern sich getrennt haben. Wir waren sehr religiös, und meine Eltern waren aktiv in der Gemeinde. Meine Eltern hatten Freunde, und wir hatten auch Besuch zu Hause.

I: Und dann wurde heile Familie gespielt.

A: Ja. ... Bei uns sind auch Kindergartenfeste gelaufen, und meine Eltern haben Kinderfahrten mitorganisiert.

I: Mochtest du Kinder mit nach Hause nehmen?

A: Ich habe keine Freunde gehabt, die mit mir nach Hause gekommen wären. Ich habe mich von Kindern sehr zurückgezogen, ich habe sehr viel alleine gespielt. Meistens habe ich einen kleinen Jungen gespielt, der von allen unterdrückt wird, der aber trotzdem unheimlich stark ist und alle Sachen schafft und besser ist als alle anderen. In irgendeiner Variante habe ich das Spiel immer gespielt. Mit kleinen Rittern habe ich das gemacht, oder mit Indianerfiguren. Oder ich habe mir ein kleines Auto gebaut, das alles Mögliche konnte. Und alles, was ich mir wünschte, wurde in das Auto reinprojiziert. Mit neun hatte ich mal eine Zeitlang eine Freundin, mit der ich auch viel gespielt habe. Es kam auch nicht zu sexuellen Übergriffen. Das war eine richtige Kinderfreundschaft.

I: Hat dein Vater eigentlich gesagt, daß du über die sexuellen Mißhandlungen mit niemanden sprechen sollst?

A: Ich kann mich daran überhaupt nicht erinnern. Ich weiß auch gar nicht, ob das nötig gewesen wäre. Ich habe es ja auch gar nicht verstanden. Ich habe nie darüber geredet. Er hat mir weder gedroht noch sonst irgend etwas. Er allein war schon Bedrohung genug. Wir hatten eine solche Angst vor ihm, schon wenn wir etwas lauter waren. Ich weiß auch noch ganz genau, daß er und meine Mutter uns beiden die Köpfe aneinander geschlagen haben. Das weiß ich noch ganz genau. Ich kann mich überhaupt nicht erinnern, daß meine Mutter jemals mit mir gespielt hat. Das hat sie bestimmt, aber ich habe überhaupt keine Erinnerung daran.

I: Hast du dich irgendwo sicher gefühlt?

A: Eine Scheinsicherheit war oben in meinem kleinen Dachzimmer. Ich hatte schon Angst, wenn meine Mutter mich nur rief. In dem Moment war ich nicht mehr sicher. Ich habe mich wirklich völlig in meine Spielwelt geflüchtet. Ich bin regelrecht geflohen aus der wirklichen Welt. Und dann kam dieses Rufen von meiner Mutter. Das war ein ganz unheimliches Gefühl. In meiner Therapie kam das hoch. Ich war in der Zeit gerade von zu Hause ausgezogen und hätte ihre Gegenwart auch nicht ertragen können. Diese Angst vor ihr kam so stark hoch. Die Angst war bis ganz zum Schluß da. Ich wohne erst seit einundeinhalb Jahren nicht mehr zu Hause. Wenn ich in meinem Zimmer bin und meine Mutter ruft mich, das ist immer noch ein bitterer Geschmack. Obwohl es zehn Jahre her ist, seit sie es zuletzt getan hat. Sobald sie mich gerufen hat, habe ich Angst gehabt, weil das fast immer Schläge bedeutete. Daß sie irgendetwas gesehen hat, was ich angestellt habe. Ich konnte machen, was ich wollte. Etwas hatte ich immer angestellt. Ich hatte keine Chance.

I: Hast du das auch an deinen Schulleistungen gemerkt?

A: Ja. In der Zeit der Trennung habe ich nur Fünfen geschrieben und eine Ehrenrunde gedreht. Danach war ich so etwas wie ein Senkrechtstarter. Dann habe ich das Segelfliegen angefangen, und das hat mir sehr gut getan. Mit vierzehn bin ich das erste Mal alleine geflogen. Es war unheimlich schön. Dieses Gefühl, so etwas zu können, das war für mich das Größte überhaupt. Dort hat sich dann auch so eine richtig schöne Freundesclique entwickelt, die bis heute hält.

I: Hattest du auch noch später Selbstmordgedanken?

A: Den letzten ernsthaften Versuch habe ich letztes Jahr gemacht. Da habe ich versucht, mir die Pulsadern aufzuschneiden. In der Zeit war ich auch in Therapie. Ich bin da hingegangen, weil es mich immer stärker belastete, daß ich nicht mehr weinen konnte. Ich kann es immer noch nicht richtig. Ich habe das Gefühl, daß ich langsam auftaue. Aber das ist ein ganz langsamer Prozeß. Bei dem Selbstmordversuch kamen dann zwei Dinge zusammen: Zum einen ist meine Freundin für ein Jahr nach Australien gegangen, zum anderen kam in der Therapie einiges von früher hoch. Diese Angst vor meiner Mutter und noch einiges andere. ... Dann kam noch ein blöder Brief von meiner Freundin, und ich hatte das Gefühl, meinen letzten Halt zu verlieren ... Ich habe dann richtig versucht, mir die Pulsadern aufzuschneiden mit einem Linoleummesser. Ich wollte eigentlich nicht sterben, sondern ich wollte dann meine Mutter anrufen, ihr das sagen und sagen: „Sieh zu, was du machst." Es hat nicht geklappt, und ich habe dann eine Freundin angerufen, die auch gekommen ist. Ich würde das jetzt nicht wieder machen. Eben nur dann, wenn ich in irgendeiner Form etwas mit Kindern machen würde.

I: Davor fürchtest du dich noch?

A: Ja, ich habe auch allen Grund, mich davor zu fürchten. Vor kurzem war es mir so unheimlich, mir war wie in einem Alptraum zumute. Gerade jetzt, wo ich mich auch so viel damit beschäftige. Ich habe vor kurzem Freunde besucht, die haben eine vierjährige Tochter, mit der ich immer gern spiele. Sie turnt so auf mir rum und setzt sich auf meinen Schoß, das war mir so unangenehm. Und zwar hatte ich Angst, daß das herumtobende Kind eine Erregung bei mir auslöst. Diese Familie weiß, was mit mir gelaufen ist, und weiß auch, was momentan bei mir Sache ist. Es ist mir sehr wichtig, wenn ich mit dem Kind spiele, daß sie auch wissen, was mit mir gelaufen ist. Ich war allein mit dem Kind in dem Zimmer, und wir haben gespielt, wozu sie Lust hatte. Die Eltern haben momentan auch gerade Probleme, und das merkte man auch ganz deutlich, als ich mit dem Kind spielte. Nach meinen eigenen Erfahrungen merke ich auch, wenn mit anderen Kindern etwas nicht in Ordnung ist. ...

I: Hast du in deiner Therapie auch den Mißbrauch durch deinen Vater angefangen zu bearbeiten?

A: Ja, insoweit eben, daß ich in der Therapie zum ersten Mal darüber geredet habe, was gelaufen ist. Danach ging es mir gut, das war für mich ein Riesenschritt. ...

I: Kannst du dich noch an weitere Hilferufe bzw. Verhaltensauffälligkeiten erinnern, die mit deiner psychischen Situation zu Hause zusammenhingen?

A: Ich war der perfekte Hypochonder. Wir hatten so ein Medizinbuch, und ich habe mir die Krankheiten richtig aus dem Buch ausgesucht. Ich war ständig krank. Wenn ich krank war, hat sich meine Mutter auch um mich gekümmert. Da habe ich all das bekommen an Liebe und Zuneigung, was ich sonst nicht hatte. Ich hatte auch schon im Vorschulalter ein Magengeschwür. Das hatte ich ziemlich lange. Ich habe das, als ich klein war, mehrere Jahre gehabt, und das ist dann immer wieder gekommen. Mir ist auch in der Schule ständig schlecht geworden. Ich bin deswegen sehr oft aus dem Unterricht rausgegangen in das Sanitätszimmer, ganz, ganz oft. Das dauerte bis etwa zur sechsten Klasse. Dann ergab sich langsam ein engerer Kontakt zu meinem Deutschlehrer. Dem habe ich zwar nichts darüber erzählt, aber er war doch ein sehr wichtiger Halt für mich. ...

Ich war lange Zeit Außenseiter in der Schule, fühlte mich

als etwas Besonderes und eigentlich als jemand, der Aufmerksamkeit verdiente. Im nachhinein war mein Verhalten auch ein großer Hilferuf. Es fällt mir übrigens heute noch sehr schwer, jemanden um Hilfe zu bitten.

I: Es ist für Männer auch noch verpönter, andere um Hilfe zu bitten.

A: Das würde ich für mich ausschließen. Ich bin kein gewöhnlicher Mann, in vieler Hinsicht nicht. ...

Ich hatte lange Zeit Angst davor, schwul zu werden. Da liefen in der Pubertät mit Jungen auch einige Dinge, zum Beispiel dieses gegenseitige orale Befriedigen. Das habe ich dann aber irgendwann mal abgeblockt. In der Zeit hatte ich dann diese Ängste, schwul zu sein. Ich glaube, in gewisser Hinsicht hatten diese Erlebnisse auch etwas mit den sexuellen Mißhandlungen meines Vaters zu tun. Weshalb ich mich vor mir selber viele Jahre geekelt habe, lag an dem ständigen Gefühl, diese sexuellen Reize wieder haben zu wollen. Jemanden zu finden, der mir diesen Reiz verschafft. Ich möchte meinen Vater auch fast dafür verdammen. Ich möchte ihm dafür in die Eier treten, daß er dieses Gefühl in mir geweckt hat, obwohl es noch gar nicht hätte da sein dürfen. Das war viel zu früh. Er ist für diese ganze Kette, die dadurch in Gang gesetzt worden ist, verantwortlich. Einzig und allein er.

I: Du hast eben gesagt, du bist kein gewöhnlicher Mann. Was meinst du damit?

A: Ich bin kein typischer Mann, und darauf bin ich auch eher stolz. Der typische Mann, wie ich ihn kenne, den finde ich eher abstoßend. Der ist eher ausbeuterisch und ein Macho, so lerne ich ihn zumindest kennen in meinem Beruf. Da ekelt es mich davor, wie die zum Beispiel über Sexualität sprechen, oder wie die mit ihren Frauen umgehen. Ich denke, wenn die alle so sind, dann ist es kein Wunder, daß auch mein Vater so ist. ...

I: Hattest du früher Alpträume?

A: Ich hatte wahnsinnig viele Alpträume. Der schlimmste Traum war, daß das ganze Bett voller Schlangen ist. Ich bin aufgewacht, und ich habe sie immer noch gesehen. Ich habe die Augen zugemacht und sie waren sofort wieder da. Diesen Alptraum hatte ich ständig. Es gab noch andere furchtbare Alpträume, die mich über Jahre hinweg verfolgt haben. Dieser Schlangentraum hat mich ständig verfolgt. Das ganze Bett war voll mit großen armdicken Schlangen, das war ekelhaft. Solche Träume habe ich heute nicht mehr. Ich denke, es gab wohl eine Verbindung zwischen diesem großen Glied und diesen armdicken Schlangen. Warum sollte ich sonst so etwas geträumt haben. ... Meine Schwester ist schon viel früher und bis zu ihrem fünfzehnten Lebensjahr von meinem Vater sexuell mißhandelt worden. Ich weiß nicht, warum er irgendwann bei mir damit aufgehört hat. Vielleicht hatte er auch Angst, schwul zu sein. Ich habe meinen Vater übrigens einmal darauf angesprochen. Als meine Eltern sich getrennt haben, habe ich meinen Vater regelmäßig gesehen. Wir haben etwas zusammen unternommen, was wir früher nie getan haben. Ich habe ihn in der Zeit ganz bewußt ausgenutzt. Ich habe versucht, mir das zu holen, was er mir früher nie gegeben hat: er sollte mit mir etwas machen, Zeit für mich haben. Er hat es aber nie richtig erfüllen können. Ich habe mir da etwas vorgemacht. Das ist mir irgendwann bewußt geworden. Dann habe ich mich mit ihm getroffen, um mit ihm zu reden, auch über die Sache. Und sein einziger Kommentar dazu war: „Was geschehen ist, kann man nicht ungeschehen machen." Das war alles. Er hat es nicht geleugnet. Er wirkte da eher hilflos. Danach habe ich den Kontakt zu ihm für zwei Jahre völlig abgebrochen. Jetzt sehe ich ihn ganz selten, zuletzt vor einem Jahr. Momentan mag ich überhaupt nichts mit ihm zu tun haben. ... Meine Mutter hat von meiner Schwester, als sie etwa drei Jahre alt war, zum ersten Mal von den sexuellen Mißhandlungen erfahren. Sie hat meinen Vater in psychiatrische Behandlung geschickt, und er ist ein halbes Jahr in dieser Behandlung gewesen. Es ging bis zu dem Punkt, daß der Psychiater, um die Behandlung weiter fortzusetzen, es vor der Krankenkasse quasi hätte öffentlich machen müssen. Und das wollte meine Mutter nicht und hat dann darauf bestanden, daß er die Behandlung abbricht. Und in seiner Therapie ging es damals darum.

I: Deine Mutter hätte also unter Umständen deine Mißhandlung und die weitere sexuelle Ausbeutung deiner Schwester verhindern können?

A: Ja, im Prinzip schon. Ich habe auch mehr Probleme mit meiner Mutter. Ich wüßte gar nicht, wie ich an ihrer Stelle mit der Schuld, die sie auf sich geladen hat, leben könnte. Sie hat die ganze Sache überhaupt zugelassen, und sie hat uns soviel geschlagen, weil eigentlich die ganze Familie ein völliges Chaos war. Wir waren für sie der Blitzableiter. Ich weiß auch, daß sie als Kind vergewaltigt worden ist. Das weiß ich übrigens inzwischen auch von meinem Vater. Für mich war von beiden Elternteilen eigentlich meine Mutter immer die dominantere Person gewesen. Ich hatte zwar vor meinem Vater auch einen ungeheuren Respekt, aber er war ja viel seltener zu Hause. Ich bin von ihm immer zu meinen Verwandten geschickt worden, weil ich ihn gestört habe. Er hat mich richtig aus dem Weg geräumt. Ich war ihm lästig. Ich hatte viele Jahre damit zu kämpfen, daß ich Leuten lästig falle. Und je mehr ich das Gefühl hatte, daß ich den Leuten lästig bin, desto lästiger bin ich geworden. Das war ein richtiger Teufelskreis. Ich konnte das nicht stoppen. ... Als ich ausgezogen bin, war zwischen meiner Mutter und mir der totale Horror. Sie hat es mir sehr übel genommen, daß ich, in ihren Augen so Hals über Kopf, umgezogen bin. Sie empfand es als ein bewußtes Wegstoßen ihrer Person. Nach der Scheidung hatte sie sich an mich geklammert. Ich habe mich zu Hause emotional unheimlich gebunden gefühlt. Im Moment hat sich die Situation zwischen uns aber wieder etwas entspannt.

P., 51 Jahre, Diplompsychologe

P: Ich muß erst einmal überlegen, an was ich mich noch erinnern kann. Es gibt für mich zwei Situationen, einmal als Fünf-, Sechsjähriger und einmal als Zehn-, Elfjähriger. Die erste Situation zieht sich über einen längeren Zeitraum hin, obwohl ich das auch nicht mit Sicherheit weiß. Ich war evakuiert, also in einer Situation, in der ich von meinen Eltern völlig getrennt war, vor allem von meiner Mutter, und das war für mich schon eine sehr schlimme Situation. Das war während des Zweiten Weltkrieges, etwa 1942, 1943. Meine Schwester und ich waren auf zwei unterschiedlichen Bauernhöfen untergebracht. Ich habe dort die Zeit über mit einem Sohn des Hauses zusammen in einem Zimmer geschlafen, in einem Bett. Die hatten offensichtlich nicht mehr Raum. Mehr wußte ich erstmal auch nicht. Und ich weiß auch heute nicht, wie der eigentlich ausgesehen hat. Ich schätze ihn auf ungefähr zwanzig Jahre. Von meinem Empfinden her damals war er ein erwachsener Mann. Und ich war fünf, sechs Jahre alt. Ich kann eigentlich alles nur erschließen, was ich weiß. Tatsächlich gewußt habe ich, daß ich ihn immer am Schwanz anfassen sollte. An diese Situation kann ich mich deutlich erinnern. Bei den anderen Dingen gibt es viel, das ich aus meinem jetzigen Erleben erschließe. Ich bin jetzt schwul. Ich lebe mit einem Partner seit vier, fünf Jahren zusammen. In meinem sexuellen Erleben mache ich Erfahrungen mit ihm, aufgrund derer ich schließe, daß damals noch etwas in der Richtung passiert ist, und zwar aller Wahrscheinlichkeit nach Analverkehr. Ich vermute das deshalb, weil ich, als wir vor kurzem miteinander geschlafen haben, einen ungeheuren Widerstand gespürt habe. Ich bekomme dann das Gefühl, der muß weg, und ich bekomme keine Luft mehr. Ich denke, der hat damals auf mir gelegen, und ich habe überhaupt keine Luft mehr bekommen. Es war sehr beklemmend, und ich mußte meinem Freund sagen: „Geh weg, laß mir Platz" – dieses „Platz haben müssen" war ganz stark. Ein anderes Mal habe ich spontan die Hände über dem Kopf zusammengehalten und gesagt: „Schlag mich nicht." Also das ist auch so etwas, was ich mit der Situation verbinde. Ein anderes Mal, als wir miteinander geschlafen haben, und ich den passiven Part beim Analverkehr hatte, da fühlte ich mich plötzlich wie nicht mehr anwesend. Ich war völlig weg und empfand mich als Person vollkommen vernichtet. Dieses Erlebnis verbinde ich ganz stark mit der erlebten Vergewaltigung im Alter von sechs Jahren. Auch diese Kammer hat für mich eine ganz bestimmte Bedeutung. Ich habe das immer so verstanden, wenn ich diese Tür öffne und da reingehe, ist da ein Geheimnis, etwas Besonderes. Und wenn ich mich in dem Raum befand, dann hatte der erst einmal eine Ausstrahlung von Geborgenheit. Ich sehe Licht, das ganz gemütlich ist, ein ganz kleiner Raum. Ich hatte zuerst so etwas wie positive Erinnerungen, daß überhaupt jemand mich wahrgenommen hat, in einer Situation, in der ich so völlig getrennt war von lieben Menschen. Das waren die ersten Erinnerungen an die Zeit. Dann kamen, aber eigentlich erst im letzten Jahr, mehr und mehr auch negative Erinnerungen hoch. Ich mache zur Zeit Therapie, und im Augenblick habe ich eine sehr starke Übertragung auf den Therapeuten. Das Therapiezimmer heute ist auf einmal zu dieser Kammer damals geworden. Es ist zwar größer und heller, aber trotzdem erlebe ich dieses Nicht-entweichen-Können in diesem Raum. Ich kann nicht entweichen, ich kann nicht raus. Auf den Therapeuten bezogen habe ich das starke Gefühl, daß er gar nicht anwesend ist im Zimmer. Ich gehe mit ihm um, als ob er gar nicht da ist. Wenn ich versuche, ihn wahrzunehmen, dann ist es plötzlich körperlich gewesen: Ich konnte ihn von unten rauf bis zu den Knien sozusagen angstfrei wahrnehmen, und das andere konnte ich überhaupt nicht sehen. Ich wollte die anderen Körperteile völlig ausblenden. Ich merke, daß ich ihn immer wieder innerlich nicht realisiere, daß auch der entsprechende Kontakt nicht da ist. Es gibt Situationen, in denen schrecke ich zusammen, wenn er Bewegungen macht. Das sind ganz starke Impulse. Und das sehe ich im Zusammenhang mit dieser frühen Erfahrung. Aber es ist auch wieder nicht so eindeutig. Ich kann eigentlich sehr gut unterscheiden zwischen dem Therapeuten, mit dem ich arbeite, zu dem ich einen guten Kontakt habe, zu dem ich auch gerne gehe, und dieser Übertragungssituation, in der er für mich dann ein Horror ist. Allerdings war beim letztenmal eine Situation, da ging es schlichtweg ums Handgeben. Da habe ich spontan die Hand hingehalten, und in dem Augenblick bekam ich einen innerlichen Schlag. Und dann bekam ich das Gefühl, er wird zu einer dubiosen, dunklen Masse, die mich ungeheuer, bis zur Vernichtung, bedroht. Ich bin mir nicht mehr sicher, ob das noch in dieses Alter gehört, oder ob das eine sehr viel frühere Erfahrung mit meiner Mutter ist. Da schien ich mir so klein, daß ich denke, das ist nicht mehr ein Fünfjähriger. Ich weiß nicht genauer, was da passiert ist. Ich habe mich überhaupt erst wieder an alles erinnert, als ich diese Fortbildung über sexuellen Mißbrauch gemacht habe. Die hat mich vor eineinhalb Jahren plötzlich interessiert, es war eine besondere innere Beteiligung bei mir. Vorher habe ich nur an den anderen Mißbrauch gedacht. Der ist für mich sehr viel weniger problematisch, und an den kann ich mich auch vollständig erinnern, da weiß ich alles noch. Der frühere Vorfall im

Krieg hat mich in einem ganz anderen Maße geprägt. Das dauerte auch über einen längeren Zeitraum, so etwa ein halbes Jahr. Ich habe auch herausgefunden, daß meine Sehnsucht geliebt zu werden, überhaupt nicht erfüllt wurde, sondern daß ich benutzt wurde. Das ist eine sehr zentrale Erfahrung für mich. Ich hatte das in der letzten Therapiestunde als Übertragung auf die Einrichtung in dem Raum. Da wurde das ganz deutlich. Auf einmal wurde so ein bestimmter Bereich in dem Raum für mich wichtig, und was dann eigentlich rauskam, war, daß die Gegenstände dort zwar benutzt werden, aber sie werden nicht gepflegt. Es wird nichts hineingetan. Sie werden nicht geachtet, nicht geliebt. Das kam sehr aus meinem Inneren. Ich vermute deshalb auch einen Zusammenhang mit dem, was ich erlebt habe. Im Grunde war ich ja so ungeheuer darauf angewiesen, daß mich jemand mochte, daß ich für jemanden wichtig, für jemanden da war, die Pflegepersonen haben mir das nicht gegeben. Da gab es nur eine Frau, die war zwar ganz nett, aber es gab da auch ungeheuer häßliche Figuren. Das war eine ganz dramatische Situation für mich. Und dadurch war der Wunsch, von dem Sohn jetzt etwas zu bekommen, sehr groß. Diese Sehnsucht ist überhaupt nicht erfüllt worden. Obwohl ich mich auch an eine Situation erinnere, da hatten wir beide Krätze, und er hat mich eingerieben. Das ist aber auch das einzige Bild, das ich noch zusätzlich habe, wo er mich pflegen und wahrnehmen mußte. Ich habe über diese Erlebnisse niemals mit jemandem gesprochen. Ich kann mich bisher auch nicht an Worte, die gesprochen wurden, erinnern. Was ich weiß, das ist oft erschlossen aus meinem jetzigen Erleben. Generell ist das Ganze aus meinem Gedächtnis raus. Ich bin noch dabei, mich heranzutasten. Ich denke, da kommt noch einiges. Das ist der jetzige Stand. Ich bin jetzt einundfünfzig Jahre alt. Und erst seit etwa einem

Jahr beschäftigt mich das. Daß das überhaupt ein Mißbrauch gewesen sein kann. Obwohl ich mich an das Anfassen des Pimmels immer erinnern konnte, aber das habe ich nicht so gewertet. Das war für mich relativ harmlos. Daß das nur ein ganz kleiner Ausschnitt ist von dem, was da drumherum war, das ist mir nicht klar gewesen... Meine Mutter hat uns dann aufgesucht und ist wohl sehr erschrokken gewesen, als sie mich gesehen hat. Sie hat uns besuchen wollen und hat uns dann sehr schnell abgeholt. Der andere Täter, das ist der Mann meiner älteren Schwester gewesen. Der war gut zwanzig Jahre älter als ich. Er war Vertreter damals und hat mich mitgenommen auf eine Landfahrt. Er hat mir beim Aussteigen so über die Schenkel gestrichen, ich hatte kurze Hosen an, und das war mir sehr unangenehm. Wir sind dann in eine Gastwirtschaft gegangen, und beim Rausgehen tat er das nochmal und meinte, das wäre ja so kühl, und ich erstarrte innerlich. Ich habe sofort gespürt, daß etwas nicht stimmte. Und mir war das fürchterlich unangenehm. Dann fuhren wir weiter und er hat irgendwann gehalten und wollte mich küssen. Er hat mir noch weiter über die Schenkel gestrichen, meine Hose geöffnet und meinen Pimmel rausgeholt und hat angefangen, ihn zu reiben. Ich hatte bis dahin noch keinen Orgasmus gehabt. Besonders widerlich war dieses Küssen. Da zucke ich jetzt noch innerlich zurück, wenn ich an diesen Zungenkuß denke. Er hat mir dann erzählt, daß er das auch mit meiner Schwester macht, was er jetzt mit mir macht. Dann sollte ich seinen Schwanz anfassen, aber ich wollte das überhaupt nicht. Diese ganze Grundstimmung war ekelhaft und unangenehm. Ich war überhaupt nicht neugierig oder so etwas. Ich war in einer Situation, in die ich reingezwungen wurde, und in der ich überhaupt keine Chance hatte zu entrinnen. Es gab überhaupt keine Möglichkeit in mir, daß ich das ablehnen könnte. Ich war ein ausgesprochen braves Kind. Als ich dann seinen Schwanz anfassen sollte, da habe ich meine Hand zurückgezogen. Da hat er ein Taschentuch rausgezogen und dann sollte ich ihn anfassen. Das habe ich auch getan, widerwillig, und es war unangenehm. Hinterher hat er dann an meinem Schwanz weiter herumgemacht, bis ich zum erstenmal auch einen Orgasmus hatte. Der war dann explosiv und natürlich ein positives und sehr intensives Erlebnis für mich. Und dann sollte ich eigentlich noch mehr an seinem Schwanz rummachen, mochte es aber nicht. Er hat dann irgendwie aufgegeben. Es kamen dann Sprüche wie: „Das bleibt unter uns", „das ist etwas unter Männern", „das ist unser Geheimnis" – oder so ähnlich. Wir sind dann nach Hause gefahren. Da ist nie wieder darüber gesprochen worden, und er hat es auch nicht wieder probiert bei mir. Sehr viel später habe ich erfahren, daß er meine kleine Schwester über einen längeren Zeitraum so befingert hat. Das war für sie auch sehr unangenehm. Bei mir war es das einzige Mal. Das hatte aber auch Folgen für mich. Mit so zwölf, dreizehn haben wir mit Mädchen Küssen gespielt, und da hat mich ein zwei Jahre älteres Mädchen geküßt, das war mir völlig ekelhaft. Mein Mund ist für eine sehr lange Zeit für mich ein sehr sensibler Bereich geblieben im Hinblick auf Ekelgefühle. Ich kann zwar heute mit Lust küssen, aber es ist ein empfindlicher Bereich... Als Kind wurde ich von Jungen ganz viel ausgeschlossen. Mein Verhältnis zu Jungen war äußerst schwierig. Ich war wohl eher ein etwas mädchenhafter Typ. Ich habe mich sehr eng an meine anderthalb Jahre jüngere Schwester gehalten und bin viel mit jüngeren Mädchen zusammen gewesen. Inwieweit da meine Mißbrauchserfahrungen reinspielen, weiß ich nicht.

I: Kannst du dich erinnern, ob du vor Jungen Angst hattest?

P: Ja, massive. Zumal ich Prügelknabe für die war, zum Beispiel in Freizeiten. Mein Verhältnis zu Männern ist bis heute gestört. Ich bekomme gar keinen richtigen Kontakt zu ihnen. Es ist für mich eine Welt, in der ich nicht zu Hause bin. Es gibt gar keine Anknüpfungspunkte. Inwieweit Ängste da eine Rolle spielen, kann ich nicht sagen. Ich denke, ich habe sie vergraben, sie kommen erst jetzt raus.

I: Wie war deine Beziehung zu deinem Vater?

P: Mein Vater wird bald neunzig. Er ist sehr krank und wird bald sterben. Mich hat gewundert, daß mich das so kalt läßt. Der mußte zwar damals nicht in den Krieg, weil er schon zu alt war, und trotzdem war er wenig da. Er war viel beschäftigt damals. Realität ist, daß er überhaupt nicht greifbar war. Das habe ich auch gerade jetzt noch einmal sehr stark erfahren. Deswegen habe ich jetzt auch so eine Wut auf ihn. Ich bin ganz tief enttäuscht. Und zwar, weil er für mich innerlich nicht greifbar war. Ich denke, daß er für sich selbst auch nicht greifbar ist. Da war also nichts, wo ich Halt finden konnte. Insofern haben meine Eltern mich auch nie schützen können, die wußten gar nichts davon. Ich war ein sehr einsames Kind zu Hause.

I: Kannst du dich an irgendwelche Folgen der Mißhandlungen, sei es als Verhaltensauffälligkeiten oder an dadurch mitverursachte Krankheiten, erinnern?

P: An Krankheiten außer den üblichen nicht. Aber mein Sexualleben war total gestört. Bis einundzwanzig wußte ich überhaupt nicht, wer ich bin. Ich war sexuell völlig neutral. Und dann habe ich erlebt, daß ich schwul bin. Aber auch das Schwulsein konnte ich überhaupt nicht leben. Ich habe mich zwar verliebt, aber ich habe mir immer Situationen geschaffen, in denen ich die sexuelle Seite nicht leben konnte. Ich habe fürchterliche Angst gehabt, daß ich nicht genügen kann. Ich denke, daß mir das als kleiner Junge vermittelt worden ist. Und auch das Gefühl, daß ich kein richtiger Junge bin. Nach diesen schwulen Kontakten habe ich mich sehr gesehnt und gleichzeitig versucht, sie zu vermeiden. Es war ganz stark beides. Später lief es dann darauf hinaus, daß ich eine Frau geheiratet habe, die ein uneheliches Kind hatte und gehörlos war. Eine sehr interessante Frau, das Gegenteil von meiner Mutter. Sie wußte, daß ich schwul bin. Damit hatte ich mein schwules Leben praktisch aufgegeben.

I: Hattest du Angst, durch den Mißbrauch schwul zu sein?

P: Nein. Der sexuelle Mißbrauch war in meinem Denken gar nicht vorhanden. Und das Schwulsein war für mich wie eine Entdeckung ... Die Verunsicherung kam, wenn es um sexuelle Erlebnisse ging. Mein sexuell aktives Leben hat erst vor fünfzehn Jahren angefangen, vorher gab es nur vereinzelte Kontakte. Aber dann kam ich immer in die Rolle, daß ich den anderen zufriedenstellen mußte. Ich kam überhaupt nicht zu meiner eigenen Lust. Ich bin da benutzt worden. Das war auch so eine Art Wiederholung. Ich war sozusagen froh, überhaupt jemanden zu finden, und war so unerfahren, wußte gar nicht, was ich dem anderen zu bieten habe. Das war eine große Verunsicherung. Ich hatte sehr starke Minderwertigkeitsgefühle. In meinen Augen konnte ich gar nicht als Mann neben einem Mann bestehen.

I: Hattest du das Gefühl, ein Nichts zu sein?

P: Ja, das kommt dem sehr nahe. Es bezog sich sehr stark auf die sexuellen Kontakte. Mit meinem Selbstwertgefühl ist das so eine Sache. Ich habe damals gerade so die Mittelschule geschafft. Meine geistige Entwicklung fing erst mit über zwanzig an. Ich war vorher viel zu sehr in meinen Minderwertigkeitsgefühlen gefangen.

I: Hast du an Selbstmord gedacht?

P: Nein, nie. Ich hatte über Jahre ein Gefühl von Ungenügen, das Leben gefiel mir nicht, eine depressive Grundstimmung. Hatte, muß ich immer sagen, weil sich bei mir Wesentliches verändert hat. Ich war als Junge sehr von allem ausgeschlossen. Auch von den üblichen Jungenspielen, mit Pimmel zeigen usw. Das hat mir viel ausgemacht, weil ich auch sehr neugierig war. Aber irgendwie hatte ich gleichzeitig das Gefühl, ich gehöre nicht dazu. Das ist auch richtig, ich bin anders ... Ich gehörte weder zu den Jungen noch zu den Mädchen. Das zieht sich durch mein Leben. Ich hatte mal eine Zeitlang mit einem Jungen eine lose Freundschaft. Aber in der Schule hatte ich, wenn, dann Kontakte zu Außenseitern. Aber einen richtigen Freund hatte ich in der Zeit nicht. Ich hatte praktisch niemanden. Mit meinen Schwestern hatte ich keinen sehr engen Kontakt, die Ältere war sowieso nicht da, und mein Vater war auch immer weg. Meine Mutter war immer da, auch für mich. Seit der Evakuierung war aber in mir eine ganz klare Trennung ihr gegenüber. Letztlich hat sie mich nicht mehr erreicht und ich damit auch nicht ihre Nähe. Sie hat uns gut versorgt, war da, war präsent, aber es gab einen Bruch in unserer Beziehung.

I: Wie hast du diese Einsamkeit ertragen können?

P: Meine große Sehnsucht war, erwachsen zu werden. Aus dem Dilemma Kindsein rauszukommen. Dann kann es nicht mehr so schlimm sein. Positiv waren dann für mich Gruppen wie zum Beispiel Jungschar, die von einem Betreuer geleitet wurden. Jemand, der ein bißchen Schutz gewährte, und wo ich mit Gleichaltrigen zusammen sein konnte. Ab vierzehn habe ich mir in der evangelischen Gemeinde in der Jugendarbeit einen Platz erarbeitet. Ich habe Laienspielabende organisiert, Gemeindeabende vorbereitet, selber gespielt, alles Mögliche selbst auf die Beine gestellt. Ich bin dann in eine Gruppe reingekommen, letztlich nie richtig, aber ich konnte mit dabei sein und hatte dann auch kameradschaftliche Freundschaften mit Mädchen. Das waren intensivere Beziehungen, in denen ich mich verstanden fühlte. Da fing ich an, ein bißchen aufzutauchen. ... Ich habe den Beruf des Diakon gelernt. Das war der Boden, auf dem ich überhaupt mal stehen konnte.

I: Hattest du mit Alkohol oder Drogen irgendwelche Probleme?

P: Nein. Sucht ist für mich überhaupt kein Thema. Bei meinem Freund, wir kennen uns jetzt seit fünf Jahren, habe ich das Gefühl, ein attraktiver Sexualpartner zu sein. Das ist das erstemal in meinem Leben. Es hat enorm etwas verändert, positiv. Dadurch ist vieles in mir geheilt.

I: Du warst immer derjenige, der quasi die negativen, die schwachen Anteile in einer Partnerschaft übernommen hat?

P: Nicht nur, ich kann auch viel Macht haben, viel Druck ausüben, auf sehr direkte, aggressive Weise, auf der zersetzenden, intellektuellen Ebene. Da habe ich schon ganz viel zerstört. Es wird mir immer stärker bewußt, auch meinem Freund gegenüber. ...

Ich habe vier Ausbildungen gemacht und war lange Zeit sehr kopflastig. Aber das habe ich selbst nicht so gemerkt. Erst so vor fünfzehn Jahren hat sich durch Körperarbeit sehr viel verändert, erst da haben sich meine emotionalen Blokkaden gelöst. Meine Grundstimmung war immer Unzufriedenheit, bis mein schwules Leben anfing, vor fünfzehn Jahren. Ich hatte bis dahin wenig Zugang zu meinen Gefühlen und war für andere Menschen immer der Verständnisvolle. Nur Menschen, die mir sehr nahe standen, habe ich mit meiner Kritik zugesetzt. Meine Unzufriedenheit habe ich anderen zugeschoben. Meine Frau A. war ausgesprochen vital, und mir ist klargeworden, daß ich eigentlich durch sie gelebt habe. Ich habe sie beneidet. Wir hatten auch sexuellen Kontakt. Allerdings war die Sexualität nur auf den reinen

Geschlechtsverkehr bezogen, Zärtlichkeit war nicht dabei. Das ist für mich heute schlimm. Was sie sich damit angetan hat, was ich ihr angetan habe, und was ich selber mit mir gemacht habe. Sexualität war etwas ausgesprochen Abgespaltenes. Ich hatte damals ein ganz starkes Gefühl von „Nicht-an-der-Welt-Teilhaben" und von all den anderen abgetrennt zu sein. Das Gefühl ist immer noch da, aber viel schwächer. Ich ahne inzwischen, daß mein Bezug zur Welt auch ein ganz anderer sein kann. Vielleicht gibt es noch eine Chance, einen anderen Bezug herzustellen. Zum Glück kann ich aber sagen, daß mein Leben, so wie es jetzt ist, in Ordnung ist. Es muß sich nichts mehr grundlegend ändern.

E., 40 Jahre, Ingenieur der Informatik

E.: Um es vorwegzunehmen: die Geschichten, die Sie jetzt hören werden, sind mir selbst erst vor zwei Jahren bewußt geworden, so stark waren sie verdrängt. Als ich acht Jahre alt war, wurde bei den schulischen Untersuchungen festgestellt, daß ich was an der Lunge hatte, Tbc-Verdacht, und deshalb hatte man mich für eine Kur empfohlen. Da war ich im dritten Schuljahr. Sie haben mich sechs Wochen in den Schwarzwald verschickt. Das war meine erste Trennung von meinen Eltern. Da ich ein Einzelkind war, war das nicht ganz einfach. Ich mußte mich mit Dingen auseinandersetzen, die ich sonst nie gekannt habe, weil ich schön behütet war und Mama immer da. Das machte aber nichts, das war nicht das Problem. Das Problem fing damit an, daß das Heim von Ordensschwestern geleitet wurde. Alles war sehr streng, alles war organisiert: was auf den Tisch kommt, wird gegessen, und so weiter. Ich hatte damals einen Horror vor Pudding, der oben Haut hat. Ich kann es nicht ab, auch heute nicht. Warum, weiß ich nicht. Ich habe immer versucht, beim Essen den Pudding den anderen Kindern unterzuschieben, und es hat auch geklappt, bis auf ein einziges Mal. Da habe ich dortgesessen, und mir wurde gesagt: „Hier, erst aufessen." Ich habe mich davor geekelt und habe geheult. Sie müssen sich die Situation vorstellen: Ein Riesenspeisesaal, und ich habe mutterseelenallein dagehockt. Ich konnte den Pudding einfach nicht essen, weil ich genau wußte, daß es mir hochgekommen wäre, und dann wäre die Situation noch schlimmer geworden. Ich hatte die Schwestern schon kennengelernt, die mit scharfer Hand dort regiert haben. Ich habe dagesessen und geheult. Die Unterbringung der Kinder war in mehreren Gruppen nach Alter und Geschlecht organisiert; die Gruppen begegneten sich eigentlich kaum. Draußen vor dem Speisesaal standen, das habe ich nur schemenhaft gesehen, mehrere Kinder von einer anderen Gruppe. Da kam ein Mädchen herein, die wohl mein Weinen bemerkt hatte, ich schätze, sie war elf, zwölf Jahre alt, ich kann es nicht genau sagen. Sie nimmt mich in den Arm und fragt: „Was hast du denn?“ und hat den Pudding schnell aufgegessen. Damit war die Sache erledigt. Ich war so glücklich, und als diese Schwester wiederkam und mit brutalem Ton sagte: „Ja, geht doch“, da habe ich gedacht: „Rutsch mir den Buckel runter“ und bin raus. Zwei Tage später habe ich dieses Mädchen wieder gesehen. Ich habe ein paar Blümchen gepflückt, weil ich ihr einfach dankbar war. Es hatte nichts mit Liebe zu tun oder mit Sexualität, das war einfach Freundschaft, die man so schließt als kleiner Mensch. Ich habe ihr die paar Blümchen hingebracht, und sie sagte: „Ist ja lieb von dir“ und hat mich in den Arm genommen. Und dann sagte sie: „Du, können wir nicht ... Komm, wir gehen mal ein bißchen rüber.“ Das war meine erste Begegnung mit Sexualität. Wir würden heute sagen: Doktorspiele. Sie hat mich angeregt, mit ihr ein bißchen in den Wald hineinzugehen und zu gucken, ich sage mal, wie man Pipi macht: „Zieh mal die Hosen runter und dann schauen wir uns ein bißchen an“, und so. Diese kleinen ersten Geschichten. Vollkommen harmlos. Ich war total überrascht. Aber ich muß dazu sagen, daß ich damals schon sexuelle Gedanken hatte, was mit acht Jahren normal ist. Wir sind in den Wald und haben uns ausgezogen. Dabei habe ich zum erstenmal ein Mädchen nackt gesehen, sie mich auch, und wir haben uns angefaßt. Ich hatte vorher noch niemanden nackt gesehen, auch keine Gleichaltrigen, außer beim Baden. Meine Mutter vielleicht mal im BH, aber nackt nie. Sexualität war bei uns zu Hause ein Tabuthema. Wir saßen da auf einer richtig schönen Spielwiese mit anschließendem Kiefern- und Tannenwald, wie man es im Schwarzwald so hat. Es war wunderbar, es hat uns Spaß gemacht, dem Mädchen und mir, und es war auch ohne Hintergedanken, ohne alles. Aber eine von diesen verflixten Schwestern hat uns beobachtet, und jetzt fängt das Drama eigentlich an. Sie rannte uns nach, sah uns da mit heruntergelassenen Hosen, fauchte uns fürchterlich an, und dann ging es zur Sache. Sie hat uns beide an den Ohren hochgezogen – ich habe da jetzt noch eine Verletzung, die ich nicht wegkriege – und schleifte uns beide immer noch an den Ohren über die Wiese, mit runtergelassenen Hosen wohlgemerkt. Alle anderen guckten zu, und sie schleifte uns erst einmal zu den anderen Schwestern. Und erzählte: „Ich habe sie entdeckt bei Vergehungen gegen das sechste Gebot." Und was dann passiert ist, das war jahrelang im Unterbewußtsein verborgen. Wir beide wurden sofort getrennt. Ich mußte mich ausziehen und mich mit den Armen auf dem Rücken vor den Altar knien mit der Bibel, und es hieß: „Wir warten auf die Oberschwester." Die war gerade nicht da.

Um den richtigen Zusammenhang herzustellen, muß ich dazusagen: Wir wohnten damals in einem kleinen Ort. Ganz oben in der sozialen Hierarchie stand der Pastor, dann kam der Lehrer, und dann kam der Bürgermeister. In dieser Reihenfolge. Der Pastor hatte also Eingriff in alle Belange der Familien, in alle Zusammenhänge. Bei ihm hatten wir auch Unterricht, und er hat uns all die Sachen mit Todsünden und dem ganzen Kram richtig eingebleut. Und Sechs- bis Achtjährige kann man noch beeinflussen, sehr stark beeinflussen: „Eure Eltern müßt ihr lieben" und „Das dürft ihr nicht" usw. Das muß ich dazusagen, denn davon war ich geprägt. Das Schlimme passierte abends. Die Oberschwester kam zurück mit irgendeinem Pater, der in dem Heim seine Übungszeiten verbrachte. Die beiden waren die Makker, die dann weitergemacht haben. Mir tat alles weh, denn ich hatte die ganze Zeit vorm Altar gekniet und gebetet. Es gab ein fürchterliches Donnerwetter mit: „Weißt du überhaupt, was du getan hast? Du hast gesündigt." Sie kennen ja diesen ganzen Kram. Und dann haben sie uns beide, die Oberschwester mich, der Pater das Mädchen, am späten Abend wieder an den Ohren nackt herausgeschleift und haben uns an dem angrenzenden Zaun festgebunden, der das ganze Gelände umgab. Wir waren mehrere Meter voneinander entfernt an einer Ecke. Es war ein schöner, schwüler Sommerabend, es zog ein Gewitter auf, und uns wurde gesagt, daß jetzt das Gottesurteil käme.

I.: In Form des Gewitters?

E.: Ja. In Kreuzsymbolik am Drahtzaun festgebunden, splitternackt wurde mir gesagt, bevor das Gottesurteil komme, würde man dafür sorgen, daß ich dieses Vergehen mein Lebtag nicht vergäße, und hat mir den ganzen Penis und die Hoden mit Brennesseln eingerieben. Erst kitzelte es, später kam dann der Schmerz. Was der Pater mit dem Mädchen gemacht hat, weiß ich nicht, ich habe sie später nie mehr wiedergesehen.

Heute weiß ich, daß diese beiden Personen an uns ihre sexuelle Verklemmung ausgelebt haben. Das sage ich hier mal ganz deutlich. Die beiden haben sich zurückgezogen, nachdem alles schön mit Brennesseln eingeschmiert war, und dann kam das Gottesurteil, und das war schlimm. Ich muß Ihnen sagen, ich habe heute noch Angst vor Gewittern. Ich habe später, um das vorwegzunehmen, bewußt oder unbewußt den Beruf eines Starkstromelektrikers gewählt, wo ich sehr viel mit Energie zu tun hatte, mit Hochspannung. Ein falscher Griff und du stehst unter Strom. Ich habe auch schon an Hochspannungsleitungen gehangen unter 30 000 Volt, weil es nicht anders ging. Das kann man, wenn man sich konzentriert und die Gefahr kennt. Das Spiel mit diesem Feuer hat mein ganzes Leben beeinflußt.

Das Gewitter zog heran, wirklich ein fürchterliches, knochenhartes Gewitter. Sie können sich vorstellen, ein Achtjähriger mit dem ganzen Vorgeschehen, ich hatte wirklich Angst, Todesangst. Das habe ich nie mehr in meinem ganzen späteren Leben so erlebt wie damals. Ich hatte Todesangst und dachte: Was passiert jetzt? Und es passierte nichts. Wir wurden dann zurückgeschleift – wie gesagt, habe ich von dem Mädchen nichts mehr gesehen – und ab da durfte ich eigentlich nichts mehr. Ich wurde auf ein Bett gelegt, so eine Pritsche, so ein Militärbett, die Arme nach hinten, ganz nackt, die Füße festgebunden, und dann kam das, wovon ich sage, das ist Sex gewesen. Sie hat gerieben und eingeschmiert, und sobald irgendwelche Regungen kamen vom Penis her, hat sie mir über die Brust gepeitscht. Ich weiß das nur noch bruchstückhaft. Eine ganze Menge ist immer noch relativ vergraben, Gott sei Dank, aber es ist eine ganze Menge passiert. Auch zur Toilette durfte ich nicht. Sie hat meinen Penis genommen und quasi für mich uriniert, den After abgewischt usw. Ich durfte gar nichts mehr anfangen, nichts mehr. Aber das Schlimmste war eigentlich, daß ich den anderen vorgeführt wurde als der durch den Teufel Fehlgeleitete. Wie ich da nackt gelegen habe, gefesselt, mit den schon sichtbaren Pickeln, wurde gesagt: „Das kommt, wenn ihr ..." Und dann durfte die ganze Gruppe an mir vorbeimarschieren. Dieses absolute Ausgeliefertsein, egal was sonst noch passierte, das Ausgeliefertsein, das war das schlimmste. Wehrlos zu sein. Diese absolute Wehrlosigkeit. Nach einer Weile durfte ich wieder an dem ganzen allgemeinen Betrieb teilnehmen. Aber immer nur mit Aufsicht. Wenn ich weiter als drei Meter weggehen wollte, mußte ich fragen. Auch zur Toilette durfte ich immer nur mit Schwestern. Ich durfte mich nicht mehr anfassen. Waschen unterhalb des Bauchnabels wurde dieser Oberschwester überlassen. Und in diesem Zusammenhang, beim Baden – das ist schon fast sadistisch – hat sie mich mit dem Finger stimuliert, und wenn dann was kam, mein Gott, als Achtjährigem passiert einem das schon mal, gab es einen hinten drauf. Dann mußte ich mich hinknien, und ich kriegte richtig den Hintern versohlt. Das ist die Geschichte, da würde ich sagen, ich bin sexuell mißbraucht worden. Ich muß heute sagen, das war Sadismus.

Nach dem Mittagessen war immer eine Ruhezeit draußen. Da gab es Holzpritschen, auf die man sich legte, zwei Stunden lang mußte man ruhen, nicht schlafen, aber ruhen. Und in diesem Bereich gab es einen kleinen Tümpel, so sechs Meter Durchmesser und einen halben Meter tief. Die Oberschwester hatte die Aufsicht über die Ruhezeit. Wenn einer geflüstert hat, patsch, da ging es gleich zur Sache. Sie saß immer an diesem Tümpel, mit dem Rücken zu uns und las in ihren Büchern. Nachdem ich wieder dem allgemeinen Volk zugeführt worden war, war ich diese ganzen Repressionen so leid, ich habe mich einfach gewehrt. Ich bin ganz leise von meiner Pritsche aufgestanden, habe sie ins Wasser geworfen und habe versucht, sie umzubringen. Die Soutane hat sich auch gleich voll Wasser gesogen, und ein halber Meter reicht aus. Ich hab die Füße auf ihre Kehle gelegt und richtig . . ., da war ich wie ein Tier. Ich wollte von ihr nichts mehr wissen. Sie sollte mich nicht mehr anfassen. Ich hatte die Schnauze voll. Es war ein Versuch des Ausbruchs. Wenn die anderen ruhig gewesen wären – die konnten sie nämlich genauso wenig leiden –, dann hätte ich sie umgebracht.

Aber sie fingen an zu grölen und standen da oben herum, so daß andere aufmerksam wurden. Ich weiß nicht, wie es ausgegangen ist. Ich weiß nur, daß ich im Krankenhaus mit einer schweren Gehirnerschütterung aufgewacht bin. Und das Vorhergegangene durch die Gehirnerschütterung nicht mehr wußte. Das ist auch ein Schutzmechanismus des Körpers. Ich wurde wach und fühlte mich saumäßig. Ob ich gestürzt bin, oder ob mich jemand geschlagen hat, das weiß ich nicht. Ich weiß nur eins: Ich bin wach geworden mit einer starken Gehirnerschütterung, mußte drei Wochen im verdunkelten Zimmer liegen, wurde dann nach Hause gebracht und mußte auch da noch im Schlafzimmer ruhen, durfte nichts lesen, nichts, gar nichts, bis das vorbei war. Und diese Gehirnerschütterung, die hat mir die Erinnerung geraubt, obwohl es im Unterbewußtsein festsitzt, das kriegt man nicht weg.

Jetzt ging die Geschichte weiter. Die Leute mußten ja meinen Eltern eine Erklärung abgeben, wieso, warum. Aber meine Eltern wurden damals nur darüber informiert, daß ich versucht hätte, eine gütige und treue Schwester des Ordens umzubringen oder anzugreifen. Das, was vorher passiert war, wurde nicht erwähnt. Daraufhin hatte ich natürlich bei meinem Vater schlechte Karten. Nachdem ich wieder gesund war und zur Schule konnte, hat mir mein Vater die Leviten gelesen. Jetzt nicht körperlich, aber moralisch. Das hat mir sehr weh getan. Ich wußte wirklich nicht, worum es ging. Es war weg, ausgelöscht. Ich wußte nicht mehr, warum, weshalb, wieso. Da kam er mir mit solchen Sachen. Das ist schwer zu verkraften, wenn man seinen Vater mag, und er auch immer sehr viel für einen getan hat. Das hat mich damals aus dem Konzept gebracht, weil ich nichts wußte, gar nichts wußte. Unser Pastor, der gleichzeitig unser Religionslehrer war, wurde auch informiert, was ich Schlimmes verbrochen hatte. Dem wurde gesagt, daß ich was mit Mädchen hatte, der geborene Zuhälter sei und so fort. Er hat mich dann zu sich bestellt und gesagt, er hätte erfahren, was im Heim passiert sei. Und ich wußte gar nicht, worum es ging. Aber weil mein Vater mich auch ins Gebet genommen hatte, habe ich gedacht, irgendwas müsse dran sein an dem, was sie sagten. Ich habe noch geglaubt, daß das stimmt, was die Erwachsenen sagen.

Der Pastor hat mich also abends kommen lassen und hat gesagt, er hätte das erfahren, und ich wäre ganz nah dran, dem Teufel zu verfallen, aber er hätte die Möglichkeit, mich zu retten. Und dann ging das Spiel weiter. Ich mußte mich wieder ausziehen, und er kam mit Weihrauch über den nackten Körper und Einreiben und Blabla und Brimborium. Während der ganzen Zeit war er unter seiner Kutte nackt, und irgendwann mußte ich seinen Penis in den Mund nehmen. Weil er von Jesus eingesetzt sei, wäre das die einzige Möglichkeit, mich zu retten. Der Mann ist später verhaftet worden, weil er es noch mit anderen Jungen und Mädchen getrieben hat. Das habe ich erst sehr viel später erfahren. Er ist inzwischen im Zuchthaus. Aber damals ging das Spiel weiter. Er hat mit mir auch Analverkehr durchgeführt. Diese Situation habe ich bewußt erlebt, ohne zu wissen, was vorher passiert war. Also wieder Sexualität in Form von Gewalt.

Zweimal in der Woche mußte ich zu ihm gehen, obwohl ich es nicht wollte. Erstens tat es weh, und zweitens konnte ich es nicht unter einen Hut kriegen, daß jemand, der das Credo singt im Hochamt, wo wir jeden Sonntag hinmußten, solche Sachen mit mir veranstaltete. Das paßte schon damals, mit meinem entstehenden Verständnis für die Zusammenhänge in dieser Welt, nicht zusammen. Einmal bin ich nicht mehr hingegangen. Prompt stand er bei meinem

Vater und belaberte den, er wüßte doch, was passiert sei. Daraufhin kriegte ich von meinem Vater wieder einen draufgebrummt: „Und wenn ich noch einmal höre, du gehst nicht wieder hin." Der wußte gar nicht, was da passierte, und ich hatte auch keinen Mut, irgendwas zu sagen, weil ich so infiltriert war durch den kleinen Ort und die Kirche. Der Pfarrer hat mir auch erzählt: „Du kriegst die Sintflut persönlich für dich" und so ein Zeug. Was passierte? Zwei Tage später ging ein Mordsgewitter runter. Ich habe oben im Schlafzimmer gehockt, meine Eltern waren genau an dem Tag weg, und ich habe da gestanden, mir lief der Schweiß herunter, und draußen habe ich schon die Wellen gesehen, obwohl es nur der Wind war, der den Regen ein bißchen peitschte. Und ich habe gedacht: „Der hat recht. Das kommt nur wegen mir." Ich habe mich richtig schuldig gefühlt. Und dann mußte ich wieder hingehen, und da kam ich dann für ihn geläutert und habe gesagt: „Er hat recht. Es muß sein. Er hat es ja gesagt."

Mein Vater mußte aus beruflichen Gründen ein halbes Jahr später aus dem Ort weg. Es waren zwar nur ein paar Kilometer, aber wir sind, weil das für ihn die berufliche Chance war, auch dahin umgezogen. Und ich kam mit zehn Jahren auf der Realschule zu ganz anderen Lehrern, und dadurch hat es sich von selbst erledigt. Ich wüßte nicht, wie es sonst geendet hätte.

Das ist mir widerfahren, wobei mir die Geschichte mit dem Pastor bewußt gewesen ist, auch wenn ich gar nicht so richtig drüber nachgedacht habe.

I.: Hat er eigentlich auch versucht, Sie zu stimulieren?

E.: Ja sicher, bis zum Orgasmus. Bitte ersparen Sie mir das, das können Sie sich sicher vorstellen. Wenn er schon jemanden hatte, den er aufgrund dessen Vorgeschichte so beeinflussen konnte, dann machte der auch noch andere Dinge.

I.: Mich interessieren eigentlich nicht alle Einzelheiten, die er mit Ihnen gemacht hat, sondern Ihre Gefühle dabei.

E.: Beim erstenmal, das habe ich Ihnen ja gesagt, war das Gefühl der Ohnmacht vorherrschend, als die ganze Truppe hereinkam, und ich nackt und gefesselt dasaß. Das Gefühl ist etwas verblaßt, aber ich vergesse das nie. Das geht derart an die Persönlichkeit, da könnte man sich den Strick nehmen. Daß mir mal jemand auf den Hosenboden klatschte, die Schmerzen und so, das kann man alles verkraften, aber dieses Gefühl, ausgeliefert zu sein, die Ohnmacht, das Demütigende daran, das war das Schlimmste. Und die Gefühle bei dem Pastor in der Kirche, die waren zwiespältig. Die waren auf der einen Seite von der vorhergehenden Erziehung geprägt: „Du tust Buße, das muß sein“. Und auf der anderen Seite hatte ich, neben der langsam erwachenden Sexualität, auch das Gefühl, daß das nicht zur Kirche gehört. Aber das war kein Ohnmachtsgefühl, sondern mehr: Das muß sein, das ist notwendig. Und körperlich gesehen war es zum Teil angenehm, bis auf diese Analgeschichten. Ich sage es jetzt mal ganz deutlich: Wenn er mich zum Beispiel am Penis und den Hoden angefaßt hat, hatte ich ein sehr, sehr angenehmes Gefühl. Dann setzte er sich über mich, und ich hatte plötzlich seinen Penis vor dem Mund, und da hat er ... Er hat das nicht brutal gemacht bis auf die Analgeschichten. Das war praktisch eine Erziehung zum Homosexuellen. Es war sehr, sehr zwiespältig. Auf der einen Seite gefiel mir manches nicht, was er mit mir veranstaltete, auf der anderen Seite hatte ich aufgrund der Erziehung das Gefühl, daß es sein muß. Und irgendwann kamen Sachen, bei denen ich mich wohl fühlte. Das ist ein fast nicht lösbarer Knoten.

Das war ungefähr das, was mir im Alter von etwa acht Jahren passiert ist. Das ist alles belegt. Ich war jahrelang mit einem Therapeuten in Verbindung, der kann Ihnen das bestätigen.

Ich hatte danach, so mit vierzehn bis sechzehn, wahnsinnige Schwierigkeiten mit Frauen. Ich hatte überhaupt keine Chance, in irgendeiner Form vernünftig mit einem Mädchen zusammenzukommen. Durch die Realschule kam ich auch mit Leuten aus anderen Gesellschaftskreisen zusammen, die hatten schon eigene Wohnungen und gleich zwei Freundinnen. Ich war total perplex, wurde zwar auch immer zu Parties eingeladen, stand dann aber verklemmt in irgendeiner Ecke. Auch wenn mal ein Mädchen kam, habe ich nie begriffen, was sie von mir wollte. Ich habe immer sofort zugemacht. Das freute natürlich meine Eltern. Ich habe mich dann nämlich als Kompensation auf meine Ausbildung gestürzt. Ich wurde irgendwann Klassenbester, dann kam die Lehre, wie gesagt, Starkstromelektriker. Andere Jungen gingen in die Disco, und ich habe zu Hause gesessen und Pläne gezeichnet.

I.: Das heißt, Sie waren auch sehr einsam.

E.: Ich war einsam, sehr einsam. Ich hatte keine Freunde, weil da ein totaler Bruch war. Ein Beispiel: Ich kam Montag morgen im dritten Lehrjahr in die Firma und wollte gleich erzählen, daß ich am Wochenende ein berufliches Problem gelöst habe, und die anderen erzählten von Discos und von Mädchen. Ich war einsam. Ich hatte niemanden. Das hat mich auch zu diesen Sachen am Computer getrieben. Dann kam die Bundeswehr, und während der Zeit hatte ich ein homosexuelles Verhältnis mit einem Gleichaltrigen, das ich freiwillig eingegangen bin. Ohne Analverkehr, einfach nur gernhaben, liebhaben, ein bißchen Zärtlichkeit, auch mal anfassen und so. Aber das war absolut normal, wenn auch verspätet. Das war eine ganz diskrete Zweierbeziehung, ungefähr für ein halbes Jahr. Die habe ich auch genossen. Das war einfach eine schöne Zeit. Während der Bundeswehrzeit lernte ich auch ein Mädchen kennen, bei der ich zum erstenmal das Gefühl hatte, da wird was draus. Da wurde ich das erstemal freier. Vielleicht durch das homosexuelle Verhältnis, das vorher abgelaufen ist, ich weiß es nicht. Ich sehe es als positives Erlebnis ohne Gewalt und so. Ich hatte freundschaftliche Gefühle und lernte das Mädchen kennen. Sie gefiel mir, und ich hatte keine Hemmungen mehr. Ich habe sie auch mal angefaßt, in den Arm genommen. Vielleicht warten die Frauen ja darauf. Ich wußte nichts, ich hatte das noch nie ausgetestet. Da war ich schon achtzehn oder neunzehn. Ich habe auch angefangen, Briefe zu schreiben. Sie ist leider bei einem Verkehrsunfall ums Leben gekommen, und da war ich wieder allein. Danach lernte ich durch einen Partnerschaftswettbewerb meine Frau kennen. Sie wohnte im Ruhrgebiet, und wir haben Briefe hin und her geschrieben. Sie war ungefähr das, was ich mir vorgestellt hatte. Sie hat mich deshalb fasziniert, weil sie schüchtern und zurückhaltend war. Bei den vielen Mädchen, die ich einfach mal nebenbei kennengelernt hatte, fand ich es immer abstoßend, dieses Heranwerfen, dieses Sofort und Hier. Sie war zurückhaltend und schüchtern, und ich habe mich richtig in dieses Mädchen verliebt. Zum erstenmal in meinem Leben kam in mir ein Gefühl von Liebe auf, was ich vorher noch nie gekannt habe, ganz wunderbar sowas, wunderschön. Wenn man sich abends hinsetzt und einen Brief schreibt und ihn wieder wegschmeißt. Das paßt dann alles so, wie man es sich vorstellt, eine richtig schöne heranreifende Liebe. Ich habe auch Sachen gedreht, da wäre ich fast in den Bundeswehrknast gekommen, weil ich nicht zum Dienst erschienen bin. Ich bin einfach Sonntag abends auf der Rückfahrt wieder umgekehrt und bin zu ihr zurückgefahren. Mittwochs bin ich freiwillig zum Bund zurück, weil ich wußte, was mich erwartete, und habe ihnen irgendwelche Lügen erzählt. Auf jeden Fall habe ich diese Frau nach der Bundeswehrzeit geheiratet und damit fing der zweite Teil der Geschichte an. Das ist dann eine Wechselwirkung zwischen ihr und mir gewesen. Allerdings hat der ins Unterbewußtsein verdrängte sexuelle Mißbrauch auch eine Rolle gespielt. Sie war meine erste Freundin. Vor der Ehe hatten wir keinen direkten sexuellen Kontakt, also Geschlechtsverkehr, sondern nur ein bißchen Petting. Ich war ihr erster Freund. Wir waren beide wirklich unerfahren. Es fing an in der Hochzeitsnacht, als ich eigentlich das Gefühl hatte – und das war schon der erste Fehler –, daß sie mir als Frau zur Verfügung steht. Sie hat sich total gewehrt gegen mein Eindringen. Sie hat sich geweigert und gejammert und gewimmert: „Mama, hilf." Das war die erste kalte Dusche. Es hing alles zusammen. Die mangelnde Erfahrung mit Mädchen, die Sache mit dem Pastor und der erste Mißbrauch. Ich habe zu dieser Zeit angefangen zu studieren, und das Informatikstudium ist nicht so ganz einfach. Manchmal wissen Sie nicht mehr, was Sie machen sollen. Ein Jahr hatten wir überhaupt keinen Geschlechtsverkehr. Sie sagte immer: „Nein, ich will nicht, das tut weh." Als ich mal mit ihr gesprochen habe, um zu klären, wie es weitergehen soll, hat sie mir den Vorwurf gemacht, daß ich nicht stark genug wäre. Ich muß dazu sagen, ich sehe mein Verhältnis zu Frauen mehr auf der Basis der Zärtlichkeit. Die Frau ist für mich nicht auf die Vagina reduziert, wichtig ist für mich der ganze Mensch. Ich habe immer gemerkt, wie sie sich zurückgezogen hat, und habe mich danach selbst total zurückgezogen. Und dann ging nichts mehr. Ich kann das nur mit Gefühlen machen. Ohne ein inneres Gefühl zu einem weiblichen Wesen läuft bei mir gar nichts. Als sich die Situation später zugespitzt hat, habe ich es mal mit Prostituierten versucht. Das war ein Desaster, weil das Gefühl fehlte.

Meine Frau hat mir also den Vorwurf gemacht, ich wäre nicht stark genug, und ich müßte ein bißchen brutaler sein. Da hat sie eigentlich schon die Weichen gestellt. Ich bin bis heute nicht dahinter gekommen, was sie bewogen hat, sich von mir zurückzuziehen. Irgendwas stimmte da auch nicht hundertprozentig. Auf jeden Fall ging die Sache so weiter, und nach einem Jahr ist sie dann, ohne mich zu fragen, zum Frauenarzt gegangen und hat sich von dem entjungfern lassen. Ich sah bei meinen nichtverheirateten Kommilitonen, wie die Freundinnen in die Übungen herein kamen, ihnen um den Hals fielen, sie abknutschten, so richtig zärtlich und lieb – und ich hatte zu Hause Schwierigkeiten, überhaupt mit meiner Frau zu einer intimen sexuellen Beziehung zu kommen, die man sich unter einer Ehe ja vorstellt. Dann passierte etwas am gleichen Tag – ich sage ja, mein Leben besteht nur aus diesen Knotenpunkten –, ob das nun Zufall ist oder nicht. Da gab es in der Nähe von der Ingenieurschule eine kleine Firma, die machte Blaupausen für die Studenten. Man mußte allerdings immer darauf warten. Dorthin ging ich mit meinen Zeichnungen, die ich für einen Leistungsschein brauchte. Ich hatte bis nachts um 3 Uhr noch an der Zeichenmaschine gehockt und die Transparente fertiggemacht. Es war in dieser Firma sehr voll wie immer zu Semesterende. Ich setzte mich hin, mit meinen Transparenten unter dem Arm, und las in irgend so einem Käseblatt. In dieser Zeitschrift war ein Bericht über Folterungen von Frauen in Chile, der, wie es in manchen Medien üblich ist, reißerisch aufgemacht war. Da wurde sehr ausführlich geschildert, wie man eine Frau foltert. Aber wie gesagt, ausgereizt. Ich habe dagesessen und habe gelesen, wie man eine Frau fertigmachen kann, nackt gefesselt, genau, wie es mir damals passiert ist. Da wird in der Vagina rumgebohrt und alles mögliche. Da brauchen wir jetzt nicht ins Detail zu gehen. Ich habe dagesessen, und in diesem Moment hat sich bei mir etwas Wesentliches verschoben. Ich muß ganz ehrlich sagen, daß ich eine Erektion bekommen habe, als ich das gelesen habe. Einmal das Unterbewußte, was ich damals noch nicht kannte, daß mir das zwar nicht so brutal, aber brutal genug in ähnlicher Form widerfahren ist, und zu Hause eine Frau, mit der ich sexuell nicht klarkam, einen Haufen Probleme am Hals und das Studium. Das muß man ja noch dazusehen. Das schüttelt man nicht aus dem Ärmel. Ich habe das noch und noch mal gelesen und wurde immer erregter bei der Schilderung dieser Möglichkeiten, eine Frau fertigzumachen, zu quälen. Ich bin an diesem Tag nicht mehr zur Schule gegangen. Ich habe meine Blaupause machen lassen, habe sie abgegeben, und bin in einem fast geistig verwirrten Zustand nach Hause gefahren. In meinen Gedanken ging alles kreuz und quer. Sie sagt zu mir, ich sei nicht hart genug, und das und dieses und jenes. Sie kam nach Hause von ihrem Frauenarzt und hatte einen kurzen Rock an, und ich habe das Blut runterlaufen sehen. Da hat sie wohl nicht aufgepaßt. Und da hat es bei mir dann ausgesetzt. Seit dem Zeitpunkt war das Verhältnis zu meiner Frau, man kann sagen, nur noch brutal. Also am Anfang weniger, da habe ich sie halt geschüttelt und gemacht und gemeckert. Nun war sie entjungfert, und dann hat es plötzlich geklappt. Diese Situation hat sich über die Jahre hinweg immer mehr verschärft. Mal war es wieder zärtlich, mal wieder brutal. Aber das hat sich nach ungefähr zehn Jahren dazu ausgeweitet, daß ich meine Frau nackt gefesselt im Keller an die Wand genagelt habe. Es waren totale Vergewaltigungen gegenüber meiner Frau. Es kam immer wie ein

Schub. Ich bin ja nicht immer durch die Wohnung gerannt, und habe geguckt, was machst du jetzt und wie und so. Das hat sie mir auch mal gesagt, daß sie das nicht begreift. Ich sei ein so netter Mensch. Wir hatten nun auch Kinder. Ich sei ein so lieber Vater und würde mich um alles kümmern. Und als sie einmal weggelaufen ist zu ihrer Mutter, zusammen mit den Kindern, weil sie es nicht mehr ausgehalten hat, und die Wohnung sauber und aufgeräumt war, die Tiere der Kinder versorgt waren, als sie zurückkam, hat sie gesagt, sie begreift es nicht. Sie begreift es nicht, daß sich diese beiden Seiten in einem Menschen vereinbaren lassen. Und ich habe es auch nicht begriffen, muß ich ehrlich sagen. Daran bin ich fast zerbrochen.

I.: Sie haben sich in Ihrer Rolle nicht wohl gefühlt?

E.: Nein, überhaupt nicht. Es war entsetzlich für mich. In dem Moment, wo ich sie gegriffen, an den Händen gefesselt, ihr die Kleider vom Körper gerissen und sie ausgepeitscht habe, ihr weh getan und sie ganz brutal genommen habe, auch sehr gemein genommen habe, in dem Moment war das, als wenn man mich unter Strom gesetzt hätte. Aber wenn der Samenerguß vorbei war, wie auch immer, dann war ich für ein paar Minuten praktisch wie out of order, und danach habe ich gesehen, was ich angerichtet habe, und war wieder ich selber. Ich habe sie in den Arm genommen, sie gewaschen und so, aber das macht eine Frau natürlich nicht mit. Ich bin an dieser Tatsache, daß ich von meinem Gefühl der Frau gegenüber eigentlich eine sehr positive Einstellung habe, sie gern haben möchte, zärtlich sein möchte, und daß dann immer wieder das andere durchbrach, was passiert ist, und was ich damals noch nicht wußte – an diesen Dingen bin ich zerbrochen. Ich bin halb zugrunde gegangen. Ich habe mich davor gefürchtet, daß es wieder passiert, weil ich nicht anders konnte. Ich habe

Selbstmordversuche begangen, ich habe mir Luft in die Adern gespritzt und eine Embolie bekommen. Damals hat mich meine Frau da rausgeholt. Das hat sie gerade noch mitbekommen. Ich habe gesagt: „Ich will nicht mehr, das halte ich nicht mehr aus." Sie hat die Initiative ergriffen und hat gesagt, es ginge nicht mehr, weil die Kinder das zum Teil auch mitkriegten. Es ist ja ekelhaft eigentlich. Die kriegten das sogar sehr deutlich mit. Sie hat im Telefonbuch nachgeguckt, hat den ersten Psychiater, den sie gefunden hat im Alphabet, angerufen, und hat gesagt: „Mein Mann vergewaltigt mich und bringt mich um." Er hat gemeint, daß ich freiwillig kommen müsse, er mich nicht dazu zwingen könne. Da ich zu der Zeit keinen Ausweg aus der Situation sah, habe ich gesagt: „O. k., versuchen wir es mal." Und der hat es geschafft, über zweieinhalb Jahre hin mit sehr vielen Rückfällen, daß wir rausgefunden haben, warum das so gelaufen ist. Das kam dann alles an die Oberfläche. In der Zwischenzeit ist meine Frau im Frauenhaus gewesen, und durch diesen Arzt hat sie mich verhaften lassen, also Schutzhaft auf deutsch gesagt. Als es gar nicht mehr ging, als ich nicht mehr fähig war, ja oder amen zu sagen, wurde ich in die Psychiatrie eingeliefert. Ich habe den Arzt selber angerufen und gesagt, daß diese Nacht irgend etwas passiert. „Entweder bringe ich mich oder meine Frau um, ich bin's leid, ich bin das Leben leid." Da hat er mich in die Psychiatrie bringen lassen, zu meinem Schutz, und hat den Leuten klargemacht, daß sie mir nicht irgendwelche Tranquilizer spritzen, sondern auf ihn warten sollten. In dieser einen Nacht kam das zutage, da kam alles raus. Er hat mir irgendwas gespritzt, ich weiß nicht was, hat es aber damit geschafft, daß diese Erinnerungen wieder an die Oberfläche kamen. Und seitdem es da ist, kann ich es verarbeiten. Es verflacht jetzt wieder so langsam. Ich bin dann ein paar

Wochen dort geblieben, um wieder auf die Füße zu kommen. Allerdings war zu dem Zeitpunkt unsere Ehe leider kaputt. Sie war auch nicht mehr zu reparieren. Meine Frau war längst weit von mir entfernt, das können Sie sich ja vorstellen. Das ist nicht mehr zu reparieren, so etwas. Wir haben uns dann scheiden lassen. Jetzt haben wir zwar ein nettes, freundschaftliches Verhältnis zueinander, aber ... Das hat mich meine Ehe gekostet, durch die ganzen Umstände auch meinen Beruf, meine Stellung.

I.: Wodurch ist das gekommen?

E.: Alkohol. Ich habe getrunken. Und nicht nur ein Gläschen, sondern drei Flaschen Kognak am Tag. Drei Flaschen Kognak! Sie haben mich also eingeliefert ins Krankenhaus, das ist jetzt etwa anderthalb Jahre her, und haben um mich keinen Pfifferling mehr gegeben. Das war das erste Weihnachten nach der Scheidung, als ich alles wußte, als ich sehr traurig war und sehr einsam. Ich wußte nicht, wo ich hin sollte mit meinen eigentlich netten, lieben Gefühlen, da wir abgesprochen hatten, daß die Kinder bei meiner Frau bleiben sollten. Es war das erste Weihnachten ohne Kinder. Und trotz meines beruflichen Engagements war Weihnachten für mich immer eine Zeit der Familie gewesen. Ich habe die Kinder sehr vermißt. Ich bin fast zugrunde gegangen. Ich habe hier gesessen, hier in der Wohnung schon, und habe geschluckt und geschluckt. Danach habe ich mich ins Auto gesetzt, und als sie mich geschnappt haben, da hatte ich 3,1 Promille. Ich bin auf der Polizeistation zusammengebrochen und ins Krankenhaus gekommen.

I.: Hatten Sie da vor, sich umzubringen?

E.: Ja. Ich war auf dem Weg. Ich wollte in die Stadt, da haben sie mich erwischt. Ich wollte mir noch so ein Mädchen schnappen, nicht, um sie umzubringen, sondern um die letzte Nacht vor meinem endgültigen Ableben noch mit einem weiblichen Wesen zu verbringen, auch wenn man sie dafür bezahlt hat, und danach wollte ich Schluß machen. Das habe ich dann nicht mehr gepackt.

I.: Sie waren nicht mehr in Therapie zu dem Zeitpunkt?

E.: Nein, nein, nein. Ich hatte immer mal angerufen, hatte also immer lose Kontakt, aber Therapie nicht mehr. Das war abgeschlossen. Wir hatten das ja rausbekommen.

I.: Ja, aber mit dem Rausbekommen ist es noch nicht getan. Das ist ein Schritt, aber dann geht es darum, dieses Erlebnis zu verarbeiten.

E.: Er hatte den Eindruck, daß ich damit klarkomme.

I.: Aber dagegen spricht, daß Sie anschließend noch stark getrunken haben und daß Sie Selbstmordabsichten hatten.

E.: Ich habe das damals auch so gesehen. Ich habe mit dem Therapeuten auch noch gesprochen, gerade über diesen Tag. Und er meinte, das sei eine Kummulation gewesen, wo alles zusammenkam, und damit wäre das ausgestanden. Ich kann es Ihnen nicht sagen. Ich bin kein Arzt. Ich sehe nur folgendes: Ich habe meinen Führerschein verloren, war sowieso schon lange arbeitslos und bin auf der Polizeistation zusammengebrochen wegen Alkohol. 3,1 Promille, das verträgt normalerweise kein Mensch mehr. Im Krankenhaus haben sie dann festgestellt, daß ich schwere Tbc habe. Daraufhin war ich ein halbes Jahr im Krankenhaus, bis das ausgestanden war. Das war vor anderthalb Jahren und seit dem Zeitpunkt geht es mir blendend. Ich habe noch mal mit dem Therapeuten gesprochen und habe gesagt, daß ich damals wegen der Tbc auf Kur gekommen bin. Das war jahrelang im Körper irgendwie geblockt. Und nachdem die ganzen Geschichten ausgestanden waren, kam es heraus. Das ist für ihn der beste Beweis. Das war also jahrelang geblockt und diese achtzehn Jahre, dieses ganze Hin und Her, dieser Ausbruch von Gewalt, das war alles nur ...

Und seitdem jetzt die Tbc heraus ist – ich habe sie auch gut überstanden –, seit dem Zeitpunkt geht es mir blendend, muß ich ganz ehrlich sagen. Ich habe jetzt wieder beruflich Fuß fassen können. Für mich persönlich glaube ich, es verarbeitet zu haben. Ich habe keinerlei Ambitionen, irgend jemandem weh zu tun, auch nicht, wenn ich einsam bin. Ich bin jetzt immer noch einsam. Ich habe nicht gewagt, während der Zeit, in der ich durch Arbeitslosigkeit finanziell am Boden lag, eine Beziehung einzugehen, aber ich werde mich jetzt darum kümmern. Ganz langsam, das ist eine ganz klare Sache, denn so gefällt es mir nicht. Ich habe keine Bedenken mehr, irgendwas in dieser Hinsicht zu unternehmen. Aber es war nah dran, daß ich an diesen Folgen zugrunde gegangen wäre. Wir haben jetzt eine Zeitspanne von fast zehn Jahren übersprungen. Da bin ich immer am Flughafen in diese Pornoshops gegangen, habe mir die Filme angesehen, Bücher gekauft und diese Kontaktheftchen. Es gibt eine Subkultur, das ist wahnsinnig. Da gibt es ein Heft, das heißt „Sklavenmarkt". Darin bieten sich Männer und Frauen nackt und gefesselt als willige Objekte an. Das muß man sich mal vorstellen! Das ist irgendwie ein Zwang gewesen, dahin zu fahren und mir dort auf meine Weise sexuelle Befriedigung zu verschaffen. Bei meiner Frau kriegte ich es ja nicht mehr. Als ich das gesehen habe, bin ich verrückt geworden. Ich sage das nicht gerne, aber als ich zum erstenmal dieses Heft in der Hand hatte, den „Slavenmarkt", der erscheint alle Vierteljahre in Deutschland, da habe ich eine Anzeige aufgegeben, daß ich mich unterwerfen wollte, egal wem. Da kam diese Neigung wieder durch. Ob Mann, Frau, Gruppe, nackt, gefesselt, völlig egal. Ich habe Fotos von mir selbst gemacht, als ich nicht mehr wußte, wie ich überhaupt noch klarkommen sollte. Ich bin in den Keller gezogen, habe die Tür hinter mir zugemacht, und habe gesagt, sie sollten mich die nächsten zwei Tage zufriedenlassen, um das abzuarbeiten. Ich habe Fotos gemacht, das ist der absolute Exzeß. Ich habe Frauenkleider angezogen, mich selbst mit Schnüren gegeißelt, daß mir das Blut hinten runterlief, und ich habe mir Nägel durch die Hinterbacken gezogen. Das war diese Zwiespältigkeit. In diesem Moment habe ich dabei Gefühle gehabt, auch eine Erektion. Und je schlimmer, desto schöner. Und auf der anderen Seite eine absolute ... – was machst du hier eigentlich? Mit dem Verstand ist das nicht mehr nachvollziehbar. Aber da war immer noch der Verstand dazwischen.

Ich habe mit diesen Problemen jetzt nichts mehr zu tun seit dieser Tbc-Geschichte. Aber trotzdem, ich habe die Unterlagen immer noch hier. Ich habe sie mir auch mal wieder angeschaut und gedacht: „Mein Gott, was hast du damals für einen Mist gemacht." Und ich bin mir auch nicht ganz sicher, ob das nicht wieder auftaucht, obwohl ich mich im Moment sicher fühle.

I.: Haben Sie hin und wieder das Bedürfnis, darüber zu reden?

E.: Nein, eigentlich nicht. Ich habe ein Tagebuch, in dem ich sehr viel aufschreibe, das habe ich damals angefangen zu schreiben. Das ist eine gute Sache, und das kriegt auch niemand zu sehen. Ich muß sagen, wenn ich jetzt Probleme habe, denn ich bin einsam, dann hilft mir Musik. Ich habe eine elektronische Orgel, die ich selbst programmiert habe. Abends setze ich mich hin, Fenster zu, Rolläden runter und mache Musik. Da geht so viel Dreck raus, das ist faszinierend. Oder Platten. Damit komme ich wunderbar über die Runden, aber ich bin mir nicht sicher. Ich fühle mich jetzt o. k., weil auch das persönliche Umfeld momentan stimmt. Ich habe was zu tun, das sehr erfolgreich angeht. Das sind Sachen, die ich an Computern mache, die eine ganze Menge Energie, Kreativität erfordern. Ich arbeite mit einer jungen

Frau zusammen, mit der ich kein Verhältnis habe. Aber ich bin mir nicht ganz sicher, daß das nicht irgendwann wieder durchbricht.

I.: Trauen Sie sich zu, daß Sie es merken, wenn das auftaucht und dann um Hilfe bitten?

E.: Ja. Der Therapeut hat mir damals mal gesagt, daß er lange darüber nachgedacht hat – er hat sogar mit einem befreundeten Staatsanwalt gesprochen –, ob er mich einsperren sollte, weil ich eine potentielle Gefahr bin. Jedes Mal, sagt er, wenn er die Zeitung aufschlägt und liest, da sind zwei Mädchen vergewaltigt worden, dann denkt er an mich. Obwohl er mir damit Unrecht tut. Aber es könnte sein. Und deshalb müßte er mich eigentlich einsperren. Aber er weiß genau, wie es in der Psychiatrie zugeht. Das ist ja nur ein Einsperren. Da wäre ich total vor die Hunde gegangen. Und er hat gesagt, er ginge das Risiko ein, aber er hat mich gebeten, ihn sofort anzurufen, weil das jederzeit zurückkommen kann. Er weiß Bescheid, und er sorgt dafür, daß nichts mit irgendwelchen Tranquilizern passiert, sondern daß die Behandlung eine geregelte Form annimmt. Und zu ihm habe ich absolutes Vertrauen. Ich werde ihn auch anrufen. Das habe ich auch damals getan, als ich in der Nacht diesen Durchblick kriegte, da habe ich ihn auch um Hilfe gebeten, weil ich gemerkt habe, irgend etwas passiert jetzt, entweder ihr oder mir. Und er kennt die Geschichte total.

Es scheint für mich momentan, als ob die letzten achtzehn Jahre verschwunden sind. Ich fange persönlich und beruflich da wieder an, wo ich vor achtzehn Jahren aufgehört habe. Ich komme mit jungen Leuten zusammen, und ich werde von denen akzeptiert, als wenn ich jung geblieben wäre. Es ist immer etwas schwierig, als Vierzigjähriger von Siebzehn- oder Neunzehnjährigen akzeptiert zu werden, auch beruflich, von den Ideen her und so. Das klappt ganz hervorragend. Ich gehe die alten Wege, ohne Reue, ohne Schmerz.

I.: Ich finde es sehr mutig, daß Sie mir Ihre Geschichte erzählt haben, denn ich glaube, das ist wirklich nicht einfach, gerade dadurch, daß Sie beide Seiten kennen, die Opfer- und hinterher die Täterseite. Ich denke, das ist ganz, ganz schwierig zu erzählen.

E.: Das ist es auch. Ich bewundere eben auch jemanden, der sich mit dieser Problematik auseinandersetzt, und denke mir, daß man das unterstützen muß, wenn man die Möglichkeit hat. Denn solche Geschichten erfahren Sie nicht durch die Zeitung. Aber es ist mir schwergefallen. Ich war den ganzen Vormittag nicht so ganz sicher, ob ich das schaffe. Ich habe auch geschrieben, weil ich die Erfahrung gemacht habe, wie das mein Leben beeinflußt hat. Mit einer normalen, ungestörten sexuellen Entwicklung wäre ich trotz der Schwierigkeiten mit meiner Frau blendend zurechtgekommen. Denn so was kann man regeln. Aber die damals anstehende Problematik und der vorhergehende Mißbrauch, das hat natürlich total gehakt. Dann war ich der Täter, wie Sie schon sagten. Erst war ich das Opfer, dann der Täter. Ich habe es auch mit dem Therapeuten besprochen. Und der meinte: „Sie haben versucht, das zu beenden, was Ihnen damals nicht gelungen ist, nämlich diese Frau wirklich umzubringen."

Nachtrag 1:

Einige Wochen nach dem Interview schrieb E. mir folgenden Brief:

Nach unserem Interview war ich sehr niedergeschlagen. Bis kurz vor dem Gespräch war ich noch recht unschlüssig, ob ich es überhaupt schaffen würde, mit einem mir unbekannten Menschen – noch dazu mit einer Frau – über diese Dinge zu reden. Anschließend war ich erleichtert, daß ich das alles sagen konnte.

Es war das erstemal, daß ich jemandem die Ereignisse derart konzentriert und im Zusammenhang geschildert habe, und ich habe erstmals angefangen, die Gesamtproblematik zu begreifen.

Die folgenden drei Tage war ich in einem irrationalen Zustand: Das ging über extreme Onanie bis hin zu der Frage, ob ich nicht vielleicht doch eine Frau vergewaltigen sollte, um endlich meine (tödliche) Ruhe zu finden. Ich habe Termine verpaßt, ich habe mich selbst gegeißelt, ich habe alles getan, um endlich diese Problematik aus der Welt zu schaffen, bis hin zu einem weiteren Selbstmordversuch. Alles in einer extremen, pervertierten Vorstellungswelt.

Nach drei Tagen habe ich diesen Zustand mit Hilfe meines Tagebuches und meiner Musik überwinden können.

Dann lag das Interview schriftlich vor mir. Und wieder war die Konfrontation mit der Vergangenheit ein Problem für mich. Erneut war ich für zwei bis drei Tage „out of order". Diesmal war es jedoch wesentlich unproblematischer als nach unserem Gespräch, aber immer noch gefährlich genug, so daß ich mich in den letzten Tagen absolut zurückgezogen habe, was wiederum berufliche Probleme mit sich brachte. Ich wußte nicht, wie ich einem Unbeteiligten diese persönlichen Schwierigkeiten erklären sollte. Also rettete ich mich in Notlügen wie Grippe oder ähnliches.

Ich habe es in den letzten Monaten geschafft, eine neue Beziehung zu Frauen aufzubauen. Dabei bekam ich Rückmeldungen wie: Du bist so lieb. Du bist so zärtlich. Du wärst der richtige Vater für meinen Sohn. Nach diesen letzten Erfahrungen habe ich jedoch alle Beziehungen wieder abgebrochen. Ich habe Angst!!

In dieser Situation ist zum erstenmal ein tiefer Haß auf diese beiden Menschen, die mich sexuell mißhandelt haben, entstanden. Und das Merkwürdige dabei ist, daß ich mich, dem jedes Gefühl von Rache fremd ist, dabei sehr wohl gefühlt habe. Ich kann diese Änderung noch nicht exakt einordnen, aber es hat mir geholfen. Trotzdem: Ich habe Angst.

E.

Nachtrag 2:

Ein paar Tage später teilte mir E. telefonisch mit, daß der Verdacht bestehe, bei ihm sei die Tbc erneut ausgebrochen. Er sähe seine Heilungschancen sehr pessimistisch und rechne sogar mit einem recht raschen Tod. Er führe den erneuten Krankheitsausbruch auf die intensive Auseinandersetzung mit den sexuellen Mißhandlungen zurück, bereue dies aber nicht, sondern sehe es als einen notwendigen Schritt in seiner Lebensgeschichte, den er voll akzeptiere.

C., 22 Jahre, Student

C.: Meine familiären Verhältnisse sind so: Ich komme aus einer Pfarrersfamilie, mein Vater lebt inzwischen nicht mehr. Was ich im Bezug auf den sexuellen Mißbrauch erlebt habe, fing an, als ich – ganz genau kann ich es nicht mehr sagen – etwa fünf Jahre alt war. Damals war meine Mutter gerade gestorben, und es hat sich eingebürgert, daß ich manchmal bei meinem Vater im Bett geschlafen habe. Dabei hat er einfach angefangen, mich zu streicheln, überall am Körper, und ich mußte ihn dann auch streicheln, und dann kam es eben auch so weit, daß er meinen Penis gestreichelt hat, und ich mußte seinen Penis streicheln. Er hat einfach meine Hand genommen und auf seinen Penis gelegt und gesagt, ich solle das machen. Ich kann mich noch verblüffend genau an die Gefühle erinnern, die ich hatte. Es war zum einen eine große Verwirrung, weil ich überhaupt nicht einordnen konnte, was da passiert ist. Ich war damals nicht aufgeklärt, wurde auch später nicht aufgeklärt. Zum anderen hat es mich auch angeekelt und mir angst gemacht. Ich habe aber keine Chance gesehen, keinen Mut gehabt, irgend etwas dagegenzusetzen. Es war völlig klar, daß es für meinen Vater gar nicht nötig war, irgendwelche körperliche Gewalt anzuwenden, weil er auch sonst recht autoritär war. Ich hatte da gar keine Chance. Ich wäre gar nicht auf den Gedanken gekommen, irgend jemandem zu erzählen, was da gelaufen ist. Es war völlig klar, daß das unter uns bleiben mußte, daß ich das niemandem erzählen kann.

I.: Fandest du es auch schön, wenn er dich gestreichelt hat?

C.: Am Anfang, als er mich nur so gestreichelt hat, da fand ich das schön. Aber dann war es für mich eher eklig oder seltsam. Die Stimmung, die geherrscht hat, während er es gemacht hat, war ziemlich seltsam. Er war irgendwie verändert im Vergleich zu sonst. Und jetzt weiß ich auch, daß er starke Depressionen hatte. Auf jeden Fall habe ich das Klima als sehr niederdrückend und dumpf erlebt. Von daher verbinde ich damit keine guten Gefühle.

I.: Wie häufig mußtest du zu ihm ins Bett?

C.: Das kann ich nur schwer sagen. Es war letztlich nicht so häufig, aber hat sich über Jahre hinweg erstreckt, bis ich vielleicht zwölf war. Ziemlich lange also. Ich kann es nicht genau sagen, vielleicht alle zwei Monate oder so, aber eher selten. Manchmal allerdings dann auch öfter hintereinander.

I.: Hat er dich jedesmal mißbraucht, wenn du bei ihm im Bett geschlafen hast, oder hast du auch öfter in seinem Bett geschlafen, und es passierte nichts?

C.: Das kann ich auch nicht mehr genau sagen. Es war so: Bei ihm im Bett zu schlafen, hat schon danach gerochen, daß etwas läuft. Es lief auch noch, als er wieder geheiratet hatte, dann hieß es: „Wir machen einen Männerabend." Ich mußte meinen Vater streicheln, bis er zum Orgasmus kam, und er hat es bei mir auch versucht. Aber es war eine Ejakulation, kein Orgasmus, sagen wir mal so. Ich hatte kein schönes Gefühl dabei, aber es ist halt ein Samenerguß gekommen. So bin ich auch zur Selbstbefriedigung gekommen. Ich kam nicht durch eigenes Probieren dazu wie die meisten anderen, sondern durch den Mißbrauch meines Vaters. Ich hatte dabei schon Lust, aber auch enorme Schuldgefühle. Eigentlich ganz ähnliche Gefühle, wie wenn es mit meinem Vater war. Das blieb lange Zeit so und ist auch heute noch ein Problem, so daß es mir manchmal noch schwer fällt. Es ist besser geworden, aber bei der Selbstbefriedigung Lust zu empfinden ohne Schuldgefühle, ist schwierig. Wenn ich Lustgefühle bei meinem Vater hatte, dann war es keine ungeteilte Lust, also keine, bei der ich mich fallenlassen konnte, sondern durch die ganze Situation war es mehr so: Ich empfinde Lust dabei, aber es ist etwas Seltsames. Ich denke, daß es gravierend ist, wenn die ersten sexuellen Erfahrungen verbunden sind mit so etwas Seltsamen, das du nicht verstehst. Auch mit so einer Schwere, Dumpfheit, niedergeschlagenen Gefühlen, also nicht mit Freude und Ausgelassenheit und Lust, was man sonst so assoziiert.

Ich habe noch drei Geschwister, bei denen gab es zumindest auch was. Ich weiß es von meinem jüngsten und von meinem älteren Bruder, daß es auch vorgekommen ist, wenn auch nicht so häufig. Ich war da wohl „bevorzugt". Mein älterer Bruder sagt, ihm mache es nicht so viel aus und so zu schaffen wie mir. Von dem Zweitjüngsten weiß ich es nicht. Mit dem habe ich nicht darüber gesprochen. Er hatte als Kind stark autistische Züge – und hat sie auch heute noch –, und da ist es schwierig, das Thema anzusprechen. Ich habe es bisher nicht gemacht.

I.: Hast du irgendwie versucht, nicht mehr zu ihm ins Bett zu gehen, das irgendwie zu verhindern?

C.: Ja, und zwar so: Da habe ich wohl mal ganz kurz mit meinem älteren Bruder darüber gesprochen, und der hatte einen Trick gefunden und mir gesagt, wie er das macht: Man bindet sich um die Schlafanzughose einfach einen Gürtel und zieht den fest zu. Und das hatte ich dann auch gemacht. Seitdem lief das dann nicht mehr so. Da war anscheinend klar, daß jetzt ein ganz kleiner Widerstand anfängt. Ich hätte mich gar nicht getraut, nicht zu ihm ins Bett zu gehen, weil ich Ängste hatte, daß es dann wieder das Drama gibt. Es gab ziemlich viel Familienkrach bei uns und Szenen, in denen mein Vater dann gesagt hat: „Jetzt gehe ich weg und komme nie wieder." Und wir Kinder haben uns dann vor die Türe geschmissen und haben geheult und gesagt, er solle doch nicht weggehen. Später kamen wir uns dabei verarscht vor und mißbraucht. Wir wurden in Konflikte in der Familie immer ziemlich hereingezogen und hatten davor ziemlich Angst. Und nein zu sagen in solch einer Situation, das kam erst relativ spät.

Mit meiner Mutter konnte ich auch nicht über den sexuellen Mißbrauch reden, da sie auf der Seite meines Vaters stand. Man konnte sich deshalb auch nicht trauen, etwas dagegen zu sagen. Und das Ganze noch mehr nach außen zu tragen, das war sowieso ausgeschlossen. Auch heute noch kann ich es meiner Mutter nicht erzählen, weil ich denke, sie würde es absolut nicht verkraften. Sie hat das, was sie mit meinem Vater erlebt hat, im nachhinein sehr stark idealisiert. Und außerdem hat sie ganz strenge Moralvorstellungen. Ich erinnere mich noch an viele Szenen, als am Mittagstisch über Schwule diskutiert wurde, und dann die Hämmer kamen: „Das ist ja krankhaft und abartig“ und was weiß ich. Das war das bürgerlich-moralische Klima bei uns zu Hause. Und da dann zu sagen: „Ja, Moment mal, das habt ihr im engsten Familienkreis eigentlich auch“, da wäre, glaube ich, eine ganze Welt zusammengebrochen.

I.: Hattest du damals Angst, schwul zu sein?

C.: Ich wußte damals gar nicht, was das ist. Das wußte ich lange nicht. Und wie es später war, das habe ich mir noch nie überlegt. Ich glaube nicht, daß ich Angst hatte, weil wir, wie gesagt, eigentlich nie aufgeklärt worden sind.

I.: Wie würdest du denn deine Gefühle deinem Vater gegenüber beschreiben?

C.: Als völlig gemischt. Ich habe eine ziemlich große Wut auf das, was gelaufen ist. Nicht nur wegen des sexuellen Mißbrauchs, sondern auch wegen anderer Sachen in der Familie. Dann sehe ich allerdings zum Teil Ursachen, woher das kommen konnte, sein Leben, seine Situation, seine Depression. Aber ich denke, daß sich damit nicht alles entschuldigen läßt. Es ändert nichts an meinem Zorn darüber. Ich denke, daß so etwas da ist wie Liebe. Ich hatte nicht das Gefühl, daß wir dazu da waren, zurechtgebogen zu werden, und damit er uns ab und zu mit ins Bett nehmen konnte. So war die Beziehung eigentlich nicht. Die war komplizierter.

Solange er gelebt hat, haben allerdings eher Wut und Haß überwogen, weil es auch später öfter Streitigkeiten gab. Teilweise habe ich auch abgeschaltet, nicht mehr hingehört, Ruhe bewahrt und nach anderen Dingen geschaut.

I.: Du hast gesagt, daß du unter dem sexuellen Mißbrauch stark gelitten hast. Glaubst du, daß das jemand hätte erkennen können?

C.: Später vielleicht. Ich habe heute – ich weiß nicht genau, seit wann ich das habe – ein körperliches Symptom: mein Hoden schwillt an zu einem richtigen Ball. Und ich traue mich erst seit kurzem, mich damit zu konfrontieren. Ich war dann damit beim Hausarzt, der mich untersucht hat, nichts finden konnte und zum Urologen weitergeschickt hat. Der hat auch nichts Organisches gefunden und total blöd reagiert, nach dem Motto: „Was wollen Sie denn hier, sie sind urologisch völlig gesund“, und hat so getan, als wollte ich mal meinen Hoden vorführen. Meinem Hausarzt habe ich dann hinterher erzählt, daß ich mir denken könnte, woher das kommt. Ich denke, daß Sexualität bei mir eine schwache Stelle ist und sich da viel niederschlägt von Problemen, die ich sonst so habe. Da fand ich die Verbindung relativ naheliegend. Ich habe dem Arzt von dem Mißbrauch durch meinen Vater erzählt, und da hat er erst mal gelacht und gemeint: „Ja, da war Ihr Vater ein bißchen homosexuell. Wann war denn das? – Ach, mit fünf schon, das macht man doch normalerweise mit Dreizehn- bis Vierzehnjährigen." Ich denke nicht, daß er das brutal gemeint hat, sondern, daß dahinter das Konzept steckt, das Ganze nicht so ernst zu nehmen und mir auch weiterzuhelfen. Was noch sehr spannend war, daß er sich dann erinnert hat, daß es bei ihm, als er dreizehn, vierzehn war, der Leiter der Pfadfindergruppe auch versucht hat. Das kam dann aber raus, und es gab einen Prozeß. Er sagte aber auch, es wäre ihm jetzt erst wieder eingefallen, als ich ihm das erzählt hätte. Er hätte sonst nie mehr daran gedacht. Das war für mich wieder einmal ein Hinweis, wie groß der Grad an Verdrängung ist.

Ich wollte zu dem Zeitpunkt auch gerne eine Gesprächstherapie, aber er hat die Auffassung vertreten, daß das etwas so Schlimmes und Schwerwiegendes sei, das müßte ich verdrängen und vergessen. Ich sollte an das Positive denken, das ich mit meinem Vater erlebt hätte und den Mißbrauch einfach vergessen. Daraufhin haben wir uns ein bißchen über den Sinn von Psychotherapie gestritten, und ob das überhaupt gut ist, so was zu vergessen. Das habe ich lang genug gemacht oder machen müssen. Bei mir war der Punkt erreicht, es nicht mehr verdrängen zu können und zu wollen. Ich mache jetzt eine Therapie und merke, daß es für mich ein Weg ist, um mit dem Mißbrauch besser klarzukommen, darüber nachzudenken und damit nicht so allein gelassen zu sein. Dieses Gefühl habe ich auf jeden Fall. Es ist auch nicht mehr so wie in der Zeit, als ich für mich selber darüber nachgedacht und mir gesagt habe: „Da ist alles kaputt bei mir, alles zerstört, da ist nichts mehr drin, was Sexualität anbetrifft." Davon bin ich ein bißchen weggekommen. Das hat zwar schon eine Weile vor der Therapie angefangen, aber der Effekt ist dadurch noch verstärkt, so daß ich den Optimismus habe, eine Form zu finden, damit zurechtzukommen.

Ansonsten hat der sexuelle Mißbrauch natürlich auch meine Beziehung zu Frauen beeinflußt, denn ich dachte, da ginge nie was und habe mich sehr zurückgezogen. Ich habe sehr rationale Begründungen dafür gefunden. Aber im Grunde genommen war es ein Rückzug. Ich habe mich dann in politische Aktivitäten gestürzt und war da stark beansprucht, hatte also auch immer rationale Begründungen, warum Beziehungen gar nicht gingen. Im Grund standen aber sehr starke Ängste dahinter. Ich habe auch gemerkt, daß es mich sehr gestört hat, wie Gespräche über Sexualität ablaufen, nämlich auf so einer witzigen Ebene. Es wird nicht direkt über Sexualität geredet, sondern in Form von Witzen, wodurch ich dann vermittelt bekommen habe, daß für andere Männer Sexualität kein Problem ist. Die kriegen da alles auf die Reihe. Das übliche eben. Aber da ich ohne jegliche Erfahrung war, bin ich darauf hereingefallen. Ich dachte, daß das tatsächlich so sei, und ich sei der einzige oder einer der wenigen, die um Jahre hintennach und Spätentwickler sind. Das hat mich ziemlich unter Druck gesetzt. Es hat auch nicht gefördert, daß ich darüber hätte reden können. Das wäre eher möglich gewesen, wenn ich – wie heute – andere Formen erlebt hätte, wie Leute über ihre Sexualität sprechen, außer zu sagen: Alles in Ordnung. Sexualität war für mich ein Tabuthema, ein Angstthema. Das kommt aber nicht nur vom Mißbrauch, denke ich, sondern von dem allgemeinen Mief, der bei uns in der Familie herrschte.

I.: Hattest du denn auch das Gefühl, du müßtest was verbergen, müßtest dich irgendwie verstellen, daß die anderen ja nicht merkten, daß du sexuelle Erfahrungen mit deinem Vater gemacht hattest?

C.: Ja, später schon. Da hatte ich Angst, daß man es irgendwie sehen könnte, daß der Arzt bei einer Untersuchung das meinem Penis ansehen könnte. Das habe ich aber mehr auf die Selbstbefriedigung bezogen, glaube ich. Da war schon eine große Unsicherheit, die hätte man vielleicht bemerken können. Ansonsten war ich schon von Anfang an ein ziemlich stilles, schüchternes Kind, hatte aber auch das andere Extrem in mir. Wut, Ärger oder irgendwelche Energien, die da zum Tragen kamen. Zuerst war ich in der Grundschule bei uns im Dorf, und dort ist der Pfarrer noch so eine Art Fürst. Da wird auch viel mehr auf dich geschaut als Pfarrerskind, von daher war dort nicht so viel möglich. Das änderte sich dann, als ich aufs Gymnasium kam. Das war in der Stadt, da mußte ich mit dem Bus hinfahren, und dort habe ich dann viele Energien in der Schule rausgelassen, viel Scheiße gemacht, war Klassenkaspar. Ich hatte auch viel Spaß, weil ich mich da frei gefühlt habe, nicht in einer Rolle, und weil ich von zu Hause weg war. Da war viel Druck weg und deshalb habe ich mich wohl gefühlt. Auch was Seltsames, daß ausgerechnet die Schule der Ort war, wo ich mich wohl gefühlt habe. Aber für mich war das so durch die Freunde und Freundinnen, durch das andere Klima, und weil die Familie weg, sozusagen den ganzen Tag draußen vor der Tür war. Ich war dort ein ganz anderer Mensch, führte also die ganze Zeit ein Doppelleben. Das habe ich sehr stark empfunden. Wir haben zwar auch zu Hause Quatsch gemacht, und das hat sich dann gesteigert – ich war auch mal frech und was weiß ich. Aber wie gesagt, Konflikte wurden in unserer Familie selten ausgetragen, und wenn, dann auf „psychotechnischem" Wege: „Dein Vater hat viel zu tun, es geht ihm schlecht, jetzt mußt du lieb sein, du darfst ihn nicht stören." Und später war es dann sehr massiv, als ich mit siebzehn eine andere politische Meinung hatte als er. In der Schule gab es ziemlich Krach, das trieb die ganze Sache auf die Spitze. Da war er schon recht krank. Er hat eine Blutkrankheit gehabt, und die wurde auch immer eingesetzt. Es hieß dann, ich brächte ihn ins Grab, ich sei der letzte Sargnagel zu seinem Sarg. Deshalb hatte ich erst relativ spät den Mut, mich anders als nett und ordentlich zu verhalten, und das war dann wieder verbunden mit Schuldgefühlen. Ich habe es trotzdem gemacht, mehr instinktiv, weil ich dachte, es sei in Ordnung, ich habe das Recht zu streiten.

Als ich achtzehn war, ist er dann gestorben, also sechs Jahre, nachdem der sexuelle Mißbrauch aufgehört hatte. Manchmal ist es ein Problem, daß ich mit ihm niemals mehr über den Mißbrauch werde reden können, auch wenn ich mir konkret nicht vorstellen könnte, wie ich das machen sollte. Aber es ist für mich eine Verletzung, die den nicht mehr erreichen kann, der sie verursacht hat. Es fehlt das direkte Gegenüber, und ich muß das für mich allein auf die Reihe kriegen ohne eine ernsthafte, ehrliche Auseinandersetzung.

I.: Was hast du eigentlich mit deiner Wut gemacht, die du auf deinen Vater hattest?

C.: Damals habe ich gar nichts damit gemacht, weil ich sie gar nicht gemerkt habe. Da war überhaupt nichts da. Ich habe mich statt dessen zurückgezogen, ziemlich viel gelesen. Ich habe mich einfach in andere Welten begeben. Das war der Mechanismus. Und heute ist das zum Teil auch noch so, daß ich immer noch Zugang suche zu anderen Welten, die mir Spaß machen: Theaterspielen, Jonglieren. Das ist die eine Reaktion, und die andere ist die, daß ich darüber rede, davon erzähle. Ich konfrontiere auch Leute damit, für die das erstmal ein Tabu ist, daß ich das erzähle. Ich möchte dazu beitragen, daß gesellschaftliche Bedingungen geschaffen werden, in denen sexueller Mißbrauch schwerer möglich wird. Aber eine bewußte Auseinandersetzung mit meiner Wut kommt jetzt erst so richtig. Vorher konnte man das nicht Wut nennen. Da war das ziemlich verschüttet. Was ich so konkret mit meiner Wut mache, das weiß ich gar nicht genau. Aber es ist allgemein so, daß ich im Umgang mit eigenen Gefühlen und Konflikten zurückhaltend bin. Ich neige dazu, mich eher nicht durchzusetzen, und selbst, wenn ich etwas Scheiße finde, es trotzdem zu machen oder zuzulassen. Mal jemanden anzubrüllen oder deutliche Signale zu setzen, dagegen stehen noch die Ängste, daß eine Freundschaft kaputtgehen oder daß es ein Schlußpunkt sein oder daß im Streit etwas auseinandergehen könnte.

Ich hatte auch schon Depressionen, inzwischen allerdings selten. Meistens, wenn ich gerade unglücklich verliebt war, kam die Sache wieder total hoch. Und dann gab es auch ziemlich depressive Phasen. Ich habe zudem viel mitbekommen, weil mein Vater sehr depressiv und valiumabhängig war. Von dieser Möglichkeit mit sich umzugehen, habe ich jedenfalls auch viel. Ich weiß nicht so viel über Depressionen: ab wann ist Traurigkeit oder Niedergeschlagenheit Depression? Traurig bin ich immer wieder, aber nicht so, daß ich mir nichts mehr bedeuten würde, oder ich Selbstmordgedanken hätte. Das hatte ich eigentlich noch nie. Mein Vater hatte das öfter. Ich habe in den letzten Jahren auch einfach ziemlich viel gemacht, habe geschaut, daß ich nicht ewig über Dinge nachgrüble. Von meinem Lebensstil her powere ich viel nach außen, manchmal viel zu viel, und dann schlägt es auch zurück. Aber wenn ich an den sexuellen Mißbrauch denke, ist das schon eine dunkle Wolke. Wenn es mir allgemein schlecht geht, und ich denke daran, dann zieht mich das auch heute noch runter. Ansonsten fällt mir da etwas Positives ein, was vielleicht wichtig ist. Wenn ich vom sexuellen Mißbrauch erzählt habe, dann habe ich auch gute Gespräche geführt, die vielleicht sonst nicht möglich gewesen wären. Schwerer ist es noch mit Männern, wobei ich da zum Teil das Gefühl habe, daß sie mich – im Gegensatz zu Frauen – gefühlsmäßig nicht verstehen können oder wollen. Aber gerade bei Männern war der sexuelle Mißbrauch öfter schon der Auslöser, überhaupt über Sexualität zu reden, und dafür, daß sie auch von sich erzählen. Nichts über sexuellen Mißbrauch, aber andere Sachen, die vorher nicht möglich gewesen wären. Es war dadurch sehr viel mehr Offenheit vorhanden als sonst. Ich habe allerdings auch nicht immer die Kraft dazu, den Anstoß zu geben und erst meine Geschichte zu erzählen. Es kommt natürlich auf die Leute und auf die Beziehung zu ihnen an. Aber wenn ich darüber gesprochen habe, dann war es meistens sehr gut und hat etwas ausgelöst. Bei manchen war allerdings auch eine große persönliche Unsicherheit da, eher bei Männern. Die wissen nicht, was sie sagen sollen, und du bekommst das Gefühl, es wäre ihnen lieber gewesen, du hättest es nicht gesagt, und sie hätten es nicht gewußt.

Ich versuche jedenfalls, recht häufig darüber zu reden. Wenn ich gefragt werde, oder wenn allgemein das Gespräch auf etwas kommt, wobei es eine Rolle spielt, und ich es persönlich nicht ausklammern kann, dann erzähle ich von dem Mißbrauch.

Ch., 26 Jahre, Student

Ch.: Was mir in erster Linie Schwierigkeiten macht, ist die Tabuisierung des Themas: daß darüber nicht geredet werden darf. Wenn man an die Öffentlichkeit geht, ist man vielleicht der Dumme. Als ich es wieder im Gedächtnis hatte, habe ich vielen Leuten davon erzählt. Ich dachte, es sei sehr wichtig für alle, die mit mir zu tun haben. Und die, die mit sich selber Schwierigkeiten hatten, haben in einer Art und Weise reagiert, als ob jemand gestorben wäre. Und die Leute, die selbstsicherer, ruhiger waren, die haben das ganz normal aufgenommen. Mit denen konnte ich darüber reden.

Ich habe mich in den letzten Jahren nicht sonderlich für das Thema interessiert. Ich war ein Jahr in Therapie und habe nichts über den Mißbrauch gesagt. Der Therapeut hat einmal gesagt, bei mir sei eine ungeheure Energie vorhanden, und ich hätte während der letzten zehn Jahre diese Energie benutzt, um abzublocken. Man kann das abblokken. Die ersten zwei Jahre lang denkt man noch daran, und dann ist es abgeblockt. Die Erinnerung ist einfach nicht mehr da. Erst in diesem Jahr habe ich angefangen, darüber nachzudenken und habe plötzlich realisiert, daß die sexuelle Mißhandlung nicht einen einzigen Tag, eine einzige Stunde dauerte, sondern vier bis fünf Jahre im Alter von elf bis fünfzehn. Das war ein Schock. Es ist immer noch schwer für mich zu rekonstruieren, was in dieser Zeit genau passiert ist, weil ich in diesem Alter immens viele Freundinnen hatte. Bei uns in der Klasse hatten zwei Jungen Freundinnen: Der eine war der größte Schläger, und der andere war ich. Der Rest der Jungen hatte keine Freundin.

Anfang des Jahres habe ich einen Freund aus dieser Zeit besucht, weil ich einfach wissen wollte, wer in meiner Umgebung überhaupt etwas mitbekommen hat. Und alle Leute, die ich getroffen habe, haben nichts mitgekriegt. Mein Freund hat sogar gesagt, er habe sich immer gewundert, wie viele Mädchen ich hatte. Während er krampfhaft versucht hätte, einmal eine kennenzulernen, hätte ich schon wieder zwei andere gehabt. Inzwischen denke ich, das war notwendig, weil die Angst so groß war, erwischt zu werden. Ich war zu der Zeit in der Hauptschule, und wenn das herausgekommen wäre, dann wäre ich bei den Klassenkameraden unten durch gewesen. Ich erinnere mich noch, daß einer in meiner Klasse war, der Schwierigkeiten mit den Hormonen hatte. Der hat etwas größere Brüste gekriegt, und so war er, bis er aus der Schule raus war, die Tunte. Der konnte machen, was er wollte. Der hat sich sicher heute noch nicht davon erholt.

I.: Und dann hast du versucht, dich betont männlich zu verhalten, um den Mißbrauch zu kaschieren?

Ch.: Ja. Als es mit dem Mann aufgehört hat, haben auch ein halbes Jahr später sämtliche Mädchengeschichten aufgehört. Das war dann einfach weg.

Angefangen hat es irgendwann zwischen meinem zehnten und elften Lebensjahr. Ich habe den Mann gekannt, weil er im gleichen Haus wohnte, in einem Studentenwohnheim. Mein Bruder und ich sind in einer Wohngemeinschaft großgeworden. Wir haben damals fast alle im Haus gekannt. Angefangen hat es auf einem Baggersee im Schlauchboot. Er war erregt, und ich habe das zum ersten Mal gesehen oder auf jeden Fall hingeguckt. Er hat mir klargemacht, daß das nichts Schlimmes sei. Ich bin dann auch im Boot sitzengeblieben und nicht ausgestiegen.

Die nächste Stufe war bei ihm im Zimmer, und das war

eine sehr peinliche Situation. Er hatte eine Höhensonne, und er hat mich überredet, mich unter die Höhensonne zu legen, erst mit Badehose und dann, nach einigem Gerangel, ohne Badehose. Ich kann mich nicht mehr genau erinnern, ob der nächste Kontakt am gleichen Tag oder am folgenden oder zwei Tage später war, auf jeden Fall hat es sich hochgeschaukelt bis zu einer „ganz normalen Beziehung", bis zum Beischlaf. Ich kann mich noch sehr klar daran erinnern, daß er mir das Gefühl vermittelt hat, er zöge sich zurück, wenn es auffliegen würde. Er hat mir eingeredet, daß ich derjenige sei, der es wollte. Nicht er, sondern ich wäre gekommen, und ich hätte was mit ihm und nicht er mit mir. Und das hat wunderbar funktioniert. Das hat sich bei mir festgesetzt, daß ich derjenige war, der es wollte. Deshalb konnte ich es auch keinem erzählen. Das Ganze hat sich später erhärtet, als erst mein Bruder und dann meine Mutter mich erwischt haben. Ich war damals etwa fünfzehn. Sie wußten nicht genau, was vorgefallen war und haben auch durch Fragen nichts erfahren. Da hatte ich schon dichtgemacht. Ich weiß nicht mehr, in welcher Art und Weise sie gefragt haben, aber ich denke, sie waren nicht sehr einfühlsam. Meine Eltern waren damals schon geschieden, und mein Vater hat sich dann beim Rechtsanwalt erkundigt. Der Rechtsanwalt hat ihm, soweit ich weiß, geraten, nichts zu unternehmen, weil der andere sich herausreden würde und ich die Situation mit provoziert hätte. Es war natürlich relativ idiotisch, zum Geschäfts-Rechtsanwalt zu gehen, denn der hatte beispielsweise auch Bedenken, was passieren würde, wenn das in die Öffentlichkeit gelangen würde. Aber ich kann meinem Vater keinen Vorwurf machen, weil er das intellektuelle Niveau nicht hatte. Aber meine Mutter hatte es und hat sich trotzdem nicht so verhalten. Bei ihrer Ausbildung und ihrem Bekanntenkreis hätte sie auf die Idee kommen können, mal mit mir zum Kinderpsychologen zu gehen. Sie hat mich und meinen Bruder antiautoritär erzogen, und im nachhinein war es sicher ein Schock für sie, daß bei ihrer wunderbaren Erziehung etwas schiefgegangen ist, und daß sie jahrelang nichts von der sexuellen Mißhandlung bemerkt hat. Und das, obwohl sie prinzipiell ein gutes Vertrauensverhältnis haben wollte. Das war der Schock, den sie bekommen hat, aber sie hat es nicht geschafft, daraus eine Haltung zu entwickeln, die mir geholfen hätte. Sie hat immer nur gedacht, ich wollte ihr die Schuld geben, dabei interessiert mich die Schuldfrage nicht.

I.: Sie hat von dem Mißbrauch zum ersten Mal erfahren, als sie euch überrascht hat, obwohl das Ganze schon fünf Jahre lang lief?

Ch.: Ja, obwohl sie es schon früher hätte erfahren können, denn der Mann war in der Beziehung kein unbeschriebenes Blatt. Sie hätte es wissen können. Ich habe es auch gewußt durch Bilder, die er mir gezeigt hat oder die zum Teil so herumlagen. Da wußte ich, daß ich nicht der erste bin, und ich war auch nicht der letzte. Ich weiß nur nicht, wie ich darauf reagieren soll. So blöd es klingt, gehe ich unter anderem wegen dieser Tatsache in die Therapie, und er hätte es eigentlich viel nötiger. Denn bei einem erwachsenen Menschen, der Beziehungen aufbaut zu Dreizehn-, Vierzehn-, Fünfzehnjährigen und nicht zu einem gleichaltrigen Partner, bei dem ist wesentlich mehr in Unordnung als bei anderen. Ich weiß nicht, wie ich jetzt reagieren würde, wenn er mir gegenübersitzen würde. Aber es ist schon passiert, daß ich, als ich ihn zufällig gesehen hatte, durch die halbe Stadt gerannt bin, solche Panik hatte ich. Ich habe die ganze Strecke im Laufschritt zurückgelegt und konnte dann nicht mehr laufen. Das ist, als ob man zusammenbricht, wie ein Nervenzusammenbruch. Und dann geht nichts mehr.

Deswegen weiß ich nicht, was passieren würde, wenn ich mich mit ihm auseinandersetzen würde. Es wäre sicher nicht so einfach. Im nachhinein muß ich sagen, ich hätte es vorgezogen, wenn ich mich mit ihm hätte auseinandersetzen können, als ich sechzehn war. Wenn meine Eltern ihn angezeigt hätten, wäre natürlich herausgekommen, daß er einschlägig bekannt war und mich keine Schuld traf. Es wäre zu dem Zeitpunkt für mich sehr wesentlich gewesen, die Schuldfrage zu klären, eine Wertung von außen zu bekommen, daß einfach jemand Bescheid gewußt hätte. Auch hinterher. So war es die perfekte Verdrängung. Welche Folgen das für meine jetzigen Beziehungen hat, kann ich nur schwer absehen. Ich weiß noch, daß ich bis auf den Freund, mit dem ich jetzt befreundet bin, keine Freunde hatte. Keine Freunde, die auf dem gleichen Niveau standen, auf der gleichen Ebene, die gleichberechtigt waren. Alle Freunde, die ich hatte, waren mir unterlegen. Zum Teil, weil meine Schulleistungen besser waren, oder weil ich mehr Mädchen hatte, oder weil ich einer der ersten in der deutschen Punkbewegung war. Uns ging es damals darum, wirklich häßlich auszusehen.

I.: Weil ihr euch so gefühlt habt?

Ch.: Ich habe mich in dem Moment – und ich weiß nicht, ob es nur mit ihm zusammenhängt, oder ob noch mehr Sachen dazugekommen sind – wirklich ziemlich schlecht gefühlt und auch sehr gleichgültig und aggressiv.

I.: Du hast vorhin gesagt, deine Mutter hätte es, schon bevor sie euch erwischt hat, merken können. Woran hätte sie es merken können?

Ch.: Erstens daran, daß ich relativ viel Zeit mit ihm verbracht haben muß. Außerdem hätte sie es an den finanziellen Zuwendungen bemerken müssen: Zum Schluß hat er mich bezahlt, ich hatte jedenfalls immer zusätzliches Geld.

Ich habe mir Sachen gekauft, die ich mir sonst nicht hätte leisten können. Das hat sie nicht gemerkt, weil sie sich sehr aufs Studium konzentriert hat. Sie hat das Studium schnell durchgezogen, sie war eben geschieden, hatte zwei Kinder und mußte auch über die Runden kommen. Sie hatte wenig Zeit, so waren wir recht viel bei anderen Leuten. Das war also nichts Außergewöhnliches; nur, daß der Mann bekannt war für Beziehungen mit Jungen, das hätte sie wissen müssen. Es war bekannt, das habe ich hinterher erfahren.

I.: Aber es hat dich nie jemand daraufhin angesprochen oder dich vor dem Mann gewarnt?

Ch.: Nein, das ist mir auch ein Rätsel, weil der Typ einen Zimmernachbarn hatte, mit dem er die Dusche geteilt hat. Und der hätte es eigentlich merken können, hat aber nie darauf reagiert. Einige andere hätten es auch mitkriegen müssen. Aber so geht eben die Gesellschaft gewöhnlich damit um.

I.: Wie häufig warst du in der Woche bei ihm?

Ch.: Schwer abschätzbar, aber in der Regel, denke ich, dreimal.

I.: Habt ihr auch noch andere Sachen unternommen, oder war es im wesentlichen reduziert auf die sexuelle Beziehung?

Ch.: Wir haben auch was anderes unternommen. Das wirkt für mich jetzt aber eher so, als ob man auch was anderes machen mußte, damit es nicht nur auf das Sexuelle bezogen war, damit man es also nicht einfach nur gemacht hat. Wir sind spazierengegangen oder Boot gefahren, aber das war nicht sehr häufig.

I.: Mochtest du ihn?

Ch.: Das ist eine schwierige Frage. Ich weiß nicht, ob ich ihn damals mochte. Im Moment kann ich ihn nicht ausstehen, aber das kann im nachhinein gekommen sein. Ich weiß es nicht. Ich bin auch gefragt worden, warum bist du nicht aufgestanden und gegangen? Ich kann nicht sagen, wieso nicht. Es war irgendetwas da, was mich gehalten hat. Aber ich weiß nicht was. Neugierde spielt da sicher mit hinein, war aber nicht das einzige. Er war eben auch verfügbar, und im Grunde war niemand anderer da. Ich weiß nicht, ob ich einsam war, aber es hat mir sicher etwas gebracht, daß er mir Aufmerksamkeit geschenkt hat. Es ist eine Beziehung entstanden, und ich weiß nicht, inwieweit diese Beziehung das, was hinterher kam, geprägt hat. Das ist für mich sehr schwierig.

Bei meiner ersten richtigen Freundin, mit der ich die ersten intensiven und längeren sexuellen Kontakte hatte, hat eine „Ausrastung" von mir ausgelöst, daß wir überhaupt über den sexuellen Mißbrauch geredet haben. Heute kann ich nur sagen, irgendwann mußte etwas passieren, weil das Ganze nicht mehr zusammengepaßt hat. Irgendwann war es nicht mehr zu verdrängen. Und dann hat es sich in der Form geäußert, daß ich sie relativ brutal zum Geschlechtsverkehr gezwungen habe, und je mehr sie sich geweigert hat, desto brutaler bin ich geworden. Aber das ging nur ein- oder zweimal, dann hat sie schnell gemerkt, daß etwas nicht stimmt, und was nicht stimmt, ohne daß ich irgend etwas gesagt habe. Sie hat dann allerdings so lange nachgehakt und mich so unter Druck gesetzt, bis ich nichts mehr sagen wollte, sie also nichts mehr aus mir herausgekriegt hat. Sie wollte gleich eine Therapie anfangen, sie wollte den Typen anzeigen und immer mehr und immer mehr. Aber je mehr man mich zu etwas zwingt, desto weniger mache ich es. Wenn mich jemand zwingt, etwas zu erledigen, dann passiert überhaupt nichts. Das hat eine richtige Aufarbeitung vor sechs oder sieben Jahren, als ich achtzehn bis neunzehn war, verhindert.

Gleichzeitig ist ein Mechanismus entstanden, der, glaube

ich inzwischen, einfach aus dem Mißbrauch resultiert: Daß ich mich an Freundinnen kette und versuche, sie ganz eng an mich zu binden, und sie einenge, bis sie nicht mehr können. Aber wenn dann die Trennung kommt, fühle ich mich eigentlich ganz wohl. Je komplizierter und verworrener die Situation ist, desto wohler fühle ich mich dabei. Ich kann das allerdings nicht genau einordnen, ob das nun von dem Mißbrauch kommt oder andere Ursachen hat. Man kann nicht immer alles auf einen Punkt als Ursache reduzieren. Aber manche Leute wollen das so sehen, und ich habe es am Anfang auch so gesehen. Aber ich habe mich in den letzten zwei Monaten intensiv damit auseinandersetzen müssen und habe dabei gemerkt, daß es nicht so einfach ist. Davor wäre es durchaus möglich gewesen, daß ich alle meine Beziehungsschwierigkeiten auf den sexuellen Mißbrauch zurückgeführt hätte, hätte ich nicht Leute um mich herum gehabt, die nachgefragt haben. Ich habe dann gesehen, daß meine jetzige Freundin auch Probleme hat, die ich vorher nie gesehen habe, da sich immer alles auf meine Probleme konzentriert hat. Mein Therapeut behauptet hin und wieder, daß ich Beziehungsängste hätte, und daß ich die Situation so haben möchte, wie sie im Moment ist. Er meint, daß ich zwar den Willen hätte, richtig mit meiner Freundin befreundet zu sein, daß ich aber im Grunde genommen immer nur die Beziehungsmuster wiederhole, die nicht bewußt, sondern unbewußt zur jetzigen Beziehungsstruktur geführt haben. Ich denke, daß das stimmt. Dabei ist es für mich wirklich schwierig einzuordnen, ob diese Beziehungsstrukturen durch den sexuellen Mißbrauch oder meinen Vater geprägt sind, oder eine Kombination aus beidem sind. Den sexuellen Mißbrauch kann ich in mein jetziges Leben nur schwer einordnen. Ich komme ab und zu mal auf die Idee zu sagen: Ja, das ist der Grund, warum ich keine Männer als

Freunde habe, sondern nur Mädchen. Das war über Jahre hinweg klar.

Damit hängt auch zusammen, daß ich niemals Alkohol getrunken habe. Ich habe keinen Alkohol getrunken, ich habe mich immer kontrolliert. Viele Leute haben gesagt, daß ich viel zu kontrolliert sei. Ich habe mich nie gehen lassen, weil niemand etwas herauskriegen durfte. Ich hatte auch eine panische Angst davor zu tanzen, weil ich dachte, daß man durch irgendeine Bewegung bemerken könnte, was ich erlebt habe. Ich wollte auf jeden Fall den Eindruck vermeiden, daß ich schwul sei.

Bis zu meinem achtzehnten Lebensjahr haben meine Beziehungen zu Mädchen immer nur eine Woche gedauert. Ich konnte mir nicht vorstellen, eine längere Beziehung zu haben. Zu dem Zeitpunkt war ich davon überzeugt, daß ich niemals eine Freundin haben könnte, da ich eigentlich schwul wäre. Das hat sich erst geändert, als ich mit fast achtzehn Jahren ein Mädchen kennengelernt habe, die eigentlich viel zu jung war. Ich wäre nie auf die Idee gekommen, eine längere Beziehung mit ihr anzufangen. Es ging sechs bis sieben Wochen auch einfach so, und es wäre niemals etwas geworden, wenn ihre Mutter sich nicht eingemischt hätte. Nachdem sie mich abends mal gesehen hatte, hat sie ihrer Tochter verboten, mich jemals wieder zu treffen. Es muß sie so geschockt haben, daß die eine Hälfte meiner Haare rot war, die andere grün, daß sie meinte, ihre Tochter dürfe mich nie mehr sehen. Die hat mir dann erzählt, daß sie mich nie mehr sehen dürfe und hat geheult, und ich habe gefragt, warum sie heult, wenn sie mich nicht mehr sehen darf. Und da habe ich zum ersten Mal mitgekriegt, daß ihr Interesse an mir sehr groß war. Aber erst, nachdem ich drei oder vier Jahre mit ihr zusammen war, war es für mich abzusehen, daß ich nicht schwul bin. Ich habe trotzdem immer noch gedacht, daß ich einen Schwulen auf jeden Fall erkenne und daß ich mit denen nichts zu tun haben will. Das kommt für mich auch niemals in Frage. Als ich jetzt in Berlin war, habe ich darüber nachgedacht und habe gemerkt, daß es nicht zwangsläufig so sein müßte, daß ich nur Beziehungen zu Frauen habe. Im Moment geht es nicht anders, weil ich in die eine verliebt bin, aber grundsätzlich müßte das nicht so sein. Mir ist in Berlin aufgefallen, daß die Männer sich nach mir umgedreht haben. Dadurch habe ich erst angefangen, darüber nachzudenken. Auch deswegen, weil ich einen Freund von meiner Freundin immer schon nett fand und erst später erfahren habe, daß er schwul ist. Im Moment denke ich, daß es nicht unvorstellbar wäre, irgendwann auch mal einen Mann kennenzulernen. Es ist nicht unmöglich. Allerdings kann ich mir es zwar grundsätzlich als freundschaftliche Beziehung vorstellen, nicht aber als sexuelle. Es ist mir ein Rätsel, wie das funktionieren könnte, ohne daß sich bei mir ein Ekelgefühl einstellt. Denn dieses Ekelgefühl war über die ganzen viereinhalb Jahre dabei. Ich hatte kein Lustgefühl. Das ist etwas, was ich mit Sicherheit ausschließen kann. Und es ist auch nicht so, weil ich mich sträube, sondern es ist einfach tatsächlich so. Es bleibt etwas Unangenehmes hinterher. Der akute Schmerz durch Verletzungen beim Analverkehr geht weg, aber der unangenehme Schmerz bleibt da. Der geht nicht weg.

I.: Hat er auch versucht, dich zu befriedigen?

Ch.: Ich weiß nicht genau, ich denke ja. Aber ich habe Schwierigkeiten, mich daran zu erinnern. Ich mußte ihn auch oral befriedigen, was noch schwieriger für mich war als der Analverkehr. Allein wegen seines Körpers, der nicht sehr ansehnlich war. Er hat einen schweren Unfall gehabt und hatte am Körper lange und tiefe Narben, war also nicht sehr gutaussehend. Und auch vom Auftreten her war er mir nicht angenehm. Er hatte zum Beispiel politisch eine ganz andere Meinung als ich. Er war so rechtsradikal, daß er sich von allen anderen Leuten unterschieden hat. Und zwar so dummdämlich rechtsradikal, daß ich schon mit vierzehn Jahren wußte, daß er unrecht hat. Aber trotzdem brauchte ich ihn. Vielleicht weil alle anderen Bekannten relativ hohe Erwartungen an mich hatten. Ich wurde bei Diskussionen, obwohl ich erst zehn oder fünfzehn war, vollkommen ernst genommen, mit allem, was ich gesagt habe, und das war für mich sehr, sehr schwierig. Ich wurde schon relativ früh daran gewöhnt, für bestimmte Sachen verantwortlich zu sein. Ich war sozusagen der Mann im Haus. Deshalb war es für mich wahrscheinlich so schwierig, den Mißbrauch abzubrechen. Ich war so daran gewöhnt, Verantwortung zu übernehmen, daß es für ihn gar nicht schwierig war, mir auch für den Mißbrauch die Verantwortung zu übergeben.

I.: Glaubst du eigentlich, daß es anders gewesen wäre, wenn deine Mutter dich mit einer älteren Frau erwischt hätte? Daß also die Tatsache, daß es ein Mann war, eine besondere Rolle gespielt hat?

Ch.: Ja, es hätte überhaupt nichts gegeben, das wäre völlig in Ordnung gewesen. Wenn eine Achtzehnjährige mit einem Zwölfjährigen ins Bett geht, dann ist sie die Dumme, weil sie mit einem so unreifen Jungen ins Bett geht, und er ist der Held. Das wäre sicher ganz anders gelaufen, hätte auch in der Schule eine ganz andere Bewertung erfahren.

Ich sehe zwei Arten von Schädigung. Über die eine kann ich im Moment noch nicht viel sagen, nämlich darüber, was für einen Schaden eine Mißbrauchsbeziehung anrichtet. Meistens wird das verwechselt mit dem Schaden, der durch die gesellschaftliche Sanktionierung angerichtet wird. Das ist die zweite Art der Schädigung. Ich denke, mit einer Frau hätte es keinen so großen Schaden angerichtet, weil das nicht derart öffentlich sanktioniert ist. Oder der Schaden wäre nicht so leicht erkennbar. Wenn es mit einer Frau passiert wäre, wäre es sicher auch schlimm, aber es gäbe, weil die Sanktionierung fehlt, eine ganz andere Auseinandersetzung.

A., 29 Jahre, Drucktechniker

A.: Ich lebte damals mit meinem Bruder, der ein Jahr älter ist als ich, meiner jüngeren Schwester und meinen Eltern in einer kleinen Drei-Zimmer-Wohnung. Da die Wohnung so klein war, haben wir Kinder sehr viel draußen gespielt, auf dem Güterbahnhof oder auch auf dem Gelände einer Firma gegenüber. In dieser Firma hat ein Mann gearbeitet, der war zu dieser Zeit Mitte Fünfzig. Zu diesem Mann haben wir Kontakt bekommen, als ich so acht, neun Jahre alt war. Zuerst mein Bruder und über meinen Bruder dann auch ich. Der Mann hat uns zu sich nach Hause eingeladen, nachdem dieser Kontakt sich ein bißchen gefestigt hatte. Wir sind dann öfters zu ihm nach Hause gegangen. Mein Bruder war wohl schon vorher bei ihm gewesen und hat zusammen mit ihm sexuelle Handlungen vorgenommen. Er ist ja etwas älter als ich. Ich weiß nicht, ob er an den sexuellen Handlungen selber Gefallen gefunden hat. Ich weiß auch nicht, wie das auf ihn gewirkt hat. Ich habe mit ihm später nicht mehr darüber gesprochen. Ich werde es wahrscheinlich aus ganz bestimmten Gründen auch nie tun. Was ihm sehr gut gefallen hat, war, daß er dadurch einen finanziellen Vorteil hatte. Der Mann hat gezahlt, hat also Süßigkeiten geschenkt oder Eis gekauft, und man konnte praktisch auch alles von ihm kriegen, was er im kleinen Rahmen kaufen konnte.

Über uns hat sich dann witzigerweise ein Kontakt zu meinen Eltern entwickelt. Er hat sich mit meinen Eltern angefreundet, während dieser ganze sexuelle Mißbrauch noch lief. Meine Eltern haben nichts davon mitgekriegt, vielleicht aus einer Naivität heraus, weil sie sich das nicht haben vorstellen können. Er war dann eben ein Bekannter, der nett zu uns war, und mit dem sich meine Eltern und meine Oma angefreundet hatten. Hinzu kam, daß er ein Auto besaß und meine Eltern zu dieser Zeit nicht. Mit meinen Eltern war ich nie im Urlaub. Deswegen war das Auto schon etwas Besonderes. Wir konnten mit ihm eben wegfahren. Wir sind, das weiß ich noch sehr gut, mit ihm 1970 nach München gefahren. Da haben wir eine Bekannte von ihm besucht. Wir sind auch mal in die Schweiz gefahren und haben Freunde von ihm besucht. Dann hat er mit meinen Eltern und meiner Oma Ausflüge in die nächste Umgebung gemacht, mit uns und ohne uns. Er war der nette, alleinstehende ältere Herr, der meine Oma auf Ausflüge mitgenommen hat, damit sie ein bißchen rauskommt. Ich weiß gar nicht mehr, wie ich das zu der Zeit empfunden habe, ob mir das damals schon so zwiespältig vorgekommen ist. Heute scheint es mir unheimlich brutal. Ich habe das, was mit mir passiert ist, ziemlich abgeschottet.

Wenn er mich mißbraucht hat, habe ich das als sehr brutal empfunden. Er hat zwar nicht mit mir geschlafen, ist also nicht hinten bei mir eingedrungen, sondern er hat von mir verlangt, daß ich ihn mit der Hand befriedige, und daß ich auch seinen Samenerguß trinke. Das war eigentlich das Schlimmste. Ich habe hinterher immer Würgeanfälle gekriegt, es war ganz brutal. Dann hat er auch verlangt, daß ich Pornos dabei angucke, und er hat mich selbst auch berührt und befriedigt.

I.: Wie war das für dich?

A.: Das Gefühl, überhaupt das erste Mal einen Orgasmus zu kriegen, war schon etwas ganz Tolles. Aber ich habe es nicht genießen können. Es war etwas Fremdes, und es war irgendwie so brutal. Ich habe es nicht aus freien Stücken heraus getan, sondern unter Zwang. Ich habe immer versucht zu vermeiden, zu ihm zu gehen. Ich konnte es meinen

Eltern gegenüber aber nicht begründen. Mein Bruder war eben immer öfter bei ihm, und meine Eltern haben gedacht, der Mann wäre allein und ganz froh, mal jemanden bei sich zu haben. Dann sind wir eben regelmäßig an Sonntagen zu ihm gegangen, und da lief das dann ab. Er hatte eine unheimlich brutale Art, eine total machohafte Art, hat sich auch darüber lustig gemacht, daß ich anschließend Brechanfälle bekommen habe. Und mein Bruder hat in die gleiche Kerbe gehauen, indem er mich fertiggemacht hat. Mein Bruder hat es, wie mir heute scheint, besser verkraftet, weil er irgendwie einen Vorteil daraus gezogen hat. Ob das tatsächlich so ist, weiß ich nicht. Vielleicht hat er es auch nur besser abspalten können. Auf mich hat es viel schlimmer gewirkt, denke ich, das hat sich eben auch darin ausgedrückt.

I.: Hast du auch zugucken müssen, wenn der Mann mit deinem Bruder sexuell verkehrte?

A.: Nein, das nicht. Oder doch, das ging dann auch zu dritt. Aber mein Bruder und ich haben nie darüber geredet. Das hängt vielleicht auch damit zusammen, wie das Ganze dann aufgeflogen ist. Darin zeigt sich auch die Haltung meines Bruders dazu. Mein Bruder hat Anforderungen, auch finanzieller Art, an ihn gestellt, um das auszunutzen. Der Mann hat daraufhin versucht, sich dem zu entziehen, und mein Bruder hat es dann meinen Eltern erzählt. Er hat aber nur von sich erzählt und nicht, was mit mir gelaufen ist. Dadurch war ich ausgegrenzt. Meine Eltern haben die ganze Sache natürlich überhaupt nicht begriffen und haben sie totgeschwiegen. Sie haben den Kontakt zu dem Mann abgebrochen, sind aber nicht zur Polizei gegangen, haben es also nicht angezeigt. Und ich hatte selber zuviel Angst, um zu sagen, daß ich auch mißbraucht worden bin. Vielleicht hängt das damit zusammen, daß es eine homosexuelle

Handlung war, und eine homosexuelle Handlung etwas besonders Schlimmes und Wüstes war – und in unserer Gesellschaft immer noch ist. Ich habe mir auch schon überlegt, ob ich alles anders empfunden hätte, wenn es nicht etwas Verbotenes gewesen wäre, sondern wenn Homosexualität oder überhaupt sexueller Verkehr mit Jugendlichen oder Kindern liberaler gehandhabt würde. Das ist nur so ein Gedanke. Ich weiß nicht, ob das etwas geändert hätte an dem, wie ich es erlebt habe, wenn dieses Verbotene nicht dahintergestanden wäre. Es wäre vorstellbar. Das Brutale allerdings wäre geblieben.

Ich kann mich in etwa an seine Wohnung erinnern, daran, daß die Pornos, die wir immer holen mußten, in seinem Büfett in der Schublade lagen, und daß er immer für das leibliche Wohl gesorgt hat. Was wir haben wollten, konnten wir kriegen. Das war überhaupt kein Problem. Auch Einzelheiten der sexuellen Handlungen weiß ich noch.

Das erste Mal, ein kleines bißchen kann ich mich noch daran erinnern, lag er auf seinem Sofa und hatte eine blaue Trainingshose an und war ansonsten nur mit dem Unterhemd bekleidet. Ich war ganz normal angezogen. Er wollte, daß ich zu ihm auf das Sofa komme und hat dann angefangen, mit mir zu schmusen. Er hat sich dabei erregt und hat dann, glaube ich, auch meine Hand auf sein Glied gelegt und seine Hose ausgezogen. Er meinte, diese Art der sexuellen Handlungen seien ganz normal und Jungen müßten das auch erfahren, ob sie einen Orgasmus kriegen können, und er wolle uns das zeigen, wie das ist, wenn man so ein richtiges Glied hat, so richtig toll groß und steif und dann so einen richtigen Orgasmus kriegen kann. Ich hatte nicht das Gefühl, auch im nachhinein betrachtet, daß er rein homosexuell war. Er war, glaube ich, auch einmal verheiratet und hatte einen Sohn, war aber geschieden. Er hatte auch keine

Männerpornos, wo also nur Männer drauf sind, sondern welche mit Männern und Frauen. Er hatte eine ziemlich abfällige Art, über Sexualität, auch über die Sexualität mit Frauen zu reden. Er hat genau den gleichen Jargon verwendet, der in den Pornos benutzt wird.

I.: Hat er dich irgendwie unter Druck gesetzt, damit du nichts erzählt hast?

A.: Das weiß ich nicht mehr. Ich bin nie auf die Idee gekommen, meinen Eltern davon zu erzählen. Ich kann mich noch nicht mal daran erinnern, daß ich das erwogen hätte. Ich hatte zuviel Angst davor, es zu sagen. Ich hatte wohl auch Angst, sie würden mir nicht glauben, weil der Mann doch so nett war. Ich habe es schließlich auch hinterher nicht erzählt, als der Mißbrauch meines Bruders aufgeflogen war. Komisch, denn da hätte es ja nichts mehr gemacht. Aber da hatte ich wiederum Angst – vielleicht auch Angst vor meinem Vater, Angst vor Bestrafung. Es war ein unheimlicher Schock für meine Eltern, aber trotzdem haben sie nichts unternommen. Ich verstehe das nicht. Vielleicht war es ihre Angst vor den Nachbarn und Freunden, da vor die Polizei hinzutreten und zu erzählen, das alles aufzutischen, einschließlich der ganzen Freundschaft. Und ihr eigenes Versagen wäre dabei letztendlich auch rausgekommen: daß sie vier oder fünf Jahre lang nichts gemerkt haben. Das ist wahrscheinlich das Kernproblem, und deshalb spreche ich das auch heute bei meinen Eltern nicht an. Ich glaube, das ist ziemlich sinnlos. Sie würden wahrscheinlich in Grund und Boden versinken und sich mit Schuld überladen fühlen. Das hat keinen Sinn. Ich muß das für mich selber lösen. Diese Haltung ist jetzt aus der Entwicklung heraus entstanden, daß ich darüber überhaupt sprechen kann.

I.: Wie häufig bist du denn ungefähr dort gewesen?

A.: Das war unterschiedlich. Manchmal alle vierzehn Tage, manchmal zweimal die Woche. Ich habe nur versucht, die Kontakte so gering wie möglich zu halten und hatte immer einen unheimlichen Horror davor, zu dem Mann zu gehen.

Aber ich mußte hingehen auf Druck meiner Eltern, und mein Bruder wollte auch hingehen. Wir gingen dann an Sonntagen hin, wenn wirklich schlechtes Wetter war. Meine Eltern waren auch ganz froh, wenn wir mal weg waren, und sie dachten, daß es gut für den armen, alten Mann sei, der so allein ist. Ein Besuch war nicht jedes Mal mit sexuellen Handlungen verbunden. Das war auch immer die Spannung, die mit dabei war. Ich hatte immer ein Gefühl der Spannung: Passiert es jetzt oder passiert es nicht? Und das war auch im voraus nicht zu kalkulieren. Manchmal haben wir Karten gespielt, oder wir sind zusammen weggefahren. Das war schon toll, daß der Mann ein Auto hatte, da sind wir rausgekommen. Na gut, ich kann nicht sagen, daß ich mich immer unheimlich darauf gefreut hätte. Für mich war das auch eine riesige Anspannung. Als wir zum Beispiel nach München gefahren sind, wußte ich ganz genau, was im Hotel ablaufen würde. Aber ich konnte mich nicht dagegen sperren. Ich hätte vielleicht eine Krankheit simulieren können, ich weiß es nicht. Vielleicht war ich auch selber so gelähmt von der Situation, ich kann es nicht mehr sagen. Auf der anderen Seite war ich vielleicht auch neugierig wegzukommen, etwas Neues zu sehen. Über die Umgebung meiner Heimatstadt bin ich ja sonst kaum hinausgekommen.

I.: Wie kam es dazu, daß du alles mehr und mehr verarbeiten konntest?

A.: Vor sechs Jahren habe ich zum ersten Mal meiner heutigen Freundin davon erzählt. Sie war die erste Frau, die ich wirklich von innen heraus gemocht habe, bei der ich das

Gefühl hatte, das ist der Mensch, mit dem ich zusammenleben möchte, ganz egal in welcher Form, nur zusammensein, alles erleben. Deswegen war es mir wichtig, daß sie auch das von mir weiß, denn ich glaube, daß es mein Leben sehr stark bestimmt hat. Auch mein Verhältnis zur Sexualität. Ich habe ihr das ziemlich am Anfang unserer Freundschaft erzählt, und danach ruhte es erst einmal eine ganze Zeit lang. Das war einfach so, daß sie es wußte. Ich habe ihr dann dazu erzählt, daß ich nach wie vor einen Hang zur Sexualität mit Männern habe. Dabei weiß ich selber eben nicht, ob sich das aus diesen Erlebnissen heraus entwickelt hat, als eine Art Wiederholungszwang, oder ob das einfach in mir drin ist, so wie das in vielen Menschen drin ist. Wahrscheinlich werde ich nie dahinterkommen. Aber es beschäftigt mich immer wieder.

Vor zwei oder drei Jahren hat der Täter mal bei mir angerufen. Da war ich perplex, auch über meine eigene Reaktion. Ich ging ans Telefon und meldete mich ganz normal mit meinem Namen. Er fragte: „Kennst du mich noch?" Und ich wußte sofort, wer es war, obwohl es schon mehr als zehn Jahre zurücklag und die Stimme mir überhaupt nicht mehr vertraut war. Ich habe sofort angefangen zu zittern und wurde total unruhig. Ich habe dann gesagt: Ja, ich kenne dich noch. Da hat er gefragt, ob ich den Kontakt zu ihm nicht wieder aufnehmen möchte. Ich war sprachlos über diese Frechheit. Ich habe nur gesagt: „Nein!" und habe aufgelegt. Ich konnte gar nichts antworten. Ich hätte ihn anschreien können oder sonst irgendetwas, aber es war nicht möglich. Ich war wie gelähmt. Meine Freundin hat es mir auch angemerkt, weil ich am ganzen Körper gezittert habe, und dann habe ich ihr das erzählt. Er hat sich danach nie wieder gemeldet. Aber mich beunruhigt und beschäftigt das immer wieder. Letztes Jahr lief ein Film im Kino. Meine

Freundin hat ihn gesehen und gemeint, ich müsse den Film unbedingt sehen, ohne mir zu sagen, worum es da geht. Ich bin dann ahnungslos hineingegangen und habe mir den Film angesehen. Es ging in dem Film darum, daß eine Prostituierte als junges Mädchen von ihrem Stiefvater sexuell mißbraucht und dafür bezahlt wird. Das konnte ich noch ganz gut verarbeiten. Aber dann wurde die konkrete Situation gezeigt, daß das kleine Mädchen in der Badewanne sitzt, der Stiefvater hereinkommt und die Tür hinter sich abschließt. Da wußte ich ganz genau, was jetzt passiert. Das war zwar ein Mädchen, aber das war für mich völlig gleichgültig. Ich habe im Kino einen Heulkrampf bekommen, so sehr hat es mich betroffen. Ich war fix und fertig. Ich konnte mich überhaupt nicht beruhigen. Das habe ich noch nie erlebt. Das war, wie wenn ein Staudamm gebrochen wäre. Ich bin danach heulend nach Hause gefahren – ich habe mir zwar den Film noch zu Ende angeguckt, weil ich wissen wollte, wie es ausgeht –, ich bin zu Hause angekommen und war völlig fertig.

Es war dieses Gefühl, so machtlos zu sein gegenüber der Gewalt, die da ausgeübt wird. Die Tür wird zugemacht, es wird abgeschlossen, und du kannst nichts mehr machen. Genauso habe ich mich auch gefühlt.

Meine Freundin hatte diese Reaktion nicht erwartet. Sie hat gesagt, wenn sie das geahnt hätte, wäre sie da mit hineingegangen. Sie wäre gerne mit dabei gewesen. Ich habe immer nur gesagt, warum kann man nichts machen, warum kann man gegen solche Leute nichts unternehmen. Als Kind hat man keine Möglichkeit.

Nach einer Weile habe ich dann angefangen, weiter über meinen Mißbrauch zu sprechen und habe es guten Freunden erzählt. Ich habe dann auch von meinen Schwierigkeiten mit der Sexualität Männern gegenüber erzählt. Dann hätte sich auch beinahe etwas mit einem Freund entwickelt, das haben wir dann aber noch rechtzeitig gestoppt. Er lebt mit einer Frau zusammen, ich lebe mit einer Frau zusammen, und es wäre ein reines Abenteuer gewesen, und für das Abenteuer wollten wir unsere Beziehungen nicht aufs Spiel setzen. Aber die Anziehung ist nach wie vor da. Speziell in diesem Fall, aber auch allgemein bei Männern. Eigentlich genauso wie bei Frauen. Es hat mich schon befreit, immer wieder darüber reden zu können, einfach einmal das loslassen zu können, aber es nimmt mich auch jedesmal mit. Doch ich denke, das kann nur helfen. Es ist einfach wichtig, daß man dieses Thema öffentlich macht und es nicht totgeschwiegen wird. Mir hilft es, darüber zu reden. Ich muß selber irgendwie damit fertig werden. Und ich denke, es ist sehr wichtig, gerade an den richtigen Stellen das Schweigen zu brechen. Da spiele ich auch auf meine Eltern an. Es wäre sinnlos, es ihnen erzählen zu wollen. Ich weiß nicht, ob sie damit umgehen können. Ich will das Risiko nicht eingehen, daß sie dann zumachen, es als Vorwurf auffassen. Ich stehe dann da und weiß nicht, was ich zu ihnen sagen soll, wenn sie es selber nur als Vorwurf auffassen und sich mit Schuld beladen fühlen. Das war damals Naivität, sie haben es wirklich gut gemeint, davon bin ich überzeugt. Einmal für uns, weil wir dadurch rausgekommen sind, und auch für diesen Mann, weil der ein bißchen beschäftigt war. Und sie waren ja mit ihm befreundet. Das wäre eigentlich ganz toll gewesen. Sie haben dann konsequent reagiert und haben die Beziehung zu dem Mann abgebrochen, obwohl er es immer wieder versucht hat. Er hat zu Weihnachten Karten geschickt, hat auch mal angerufen, aber meine Eltern haben das alles abgeblockt. Ich weiß auch nicht, ob sie es ahnen. So blöd können sie ja eigentlich kaum sein, sich vorzustellen, daß es nur mein Bruder gewesen ist. Vielleicht haben sie selber auch zu viel Schiß davor, es anzusprechen. Vielleicht wäre es auch gut, es doch anzusprechen, ich weiß es einfach nicht. Aber im Moment möchte ich eigentlich nichts davon wissen. Als ich vor einem Jahr angefangen hatte, darüber zu sprechen, habe ich darüber nachgedacht, ob ich es meinen Eltern sagen soll. Ein Freund hat mir davon total abgeraten. Er hat gesagt, ich müßte damit allein oder mit Freunden fertig werden, aber zu meinen Eltern sollte ich damit nicht gehen. Das ist der gleiche Freund, mit dem ich beinahe ein Verhältnis gehabt hätte. Mit dem habe ich auch über Sexualität gesprochen, und er hat mir ein Buch empfohlen, das „Manifest für den freien Mann". Das habe ich dann auch gelesen. Danach war ich davon überzeugt, daß es keinen Sinn hat, mit meinen Eltern darüber zu reden, daß ich es wirklich für mich selber lösen muß. Das Buch hat mich auch in einer anderen Hinsicht beeinflußt oder befreit, durch das, was darin über Sexualität zwischen Männern steht. Ich habe immer gedacht, ich muß meine Neigung verheimlichen und inzwischen ist es so, daß ich es wichtig finde, daß sie zu mir gehört. Ich finde es auch wichtig, daß meine Freunde und Freundinnen es wissen. Irgendwann reden wir darüber, irgendwann kommt man auf das Thema, wie man auf jedes Thema kommt, und dann spreche ich es an oder spreche ich es aus. Für mich ist es wichtig, daß meine Freunde das wissen und damit umgehen können. Und bei denen, die nicht damit umgehen können, kann ich nichts machen. Da hat die Freundschaft für mich keinen Bestand, weil es ein wesentlicher Teil von mir ist, von dem ich meine, daß er akzeptiert werden muß. Es tut mir sehr weh, wenn Freunde, an denen ich hänge, dies nicht verstehen.

Ich habe mich wahrscheinlich von den ganzen Mißbrauchserlebnissen viel zu sehr negativ beeinflussen lassen, habe mich eher zurückgezogen als aggressiv aus mir herauszugehen. Was für mich sicher maßgeblich ist, und was sich daraus entwickelt hat, ist, daß ich eine große Sensibilität in sexuellen Dingen habe, weil ich ganz genau weiß, wie man sich fühlt, wenn da brutal vorgegangen wird. Ich habe auch nie den Drang verspürt, jemand anderem das anzutun, was ich erlebt habe. Ich kann mir das gar nicht vorstellen. Ich würde dabei nichts empfinden, also überhaupt keinen Gewinn empfinden. Ich habe zwar in meiner Jungenzeit – später, als es vorbei war – sexuellen Kontakt zu Schulkameraden gehabt, was ich aber als normal bezeichnen würde, als gegenseitiges Ausprobieren. Es war eine neue Erfahrung, das auszuprobieren, und ich wollte auch mithalten.

I.: Hast du eigentlich Angst, du könntest dem Mann mal auf der Straße begegnen?

A.: Ich habe keine Ahnung, ob er noch hier wohnt. Ich habe mal im Telefonbuch nachgeguckt und seinen Namen nicht gefunden. Die Firma ist irgendwann aufgelöst worden, und der Kontakt war sowieso weg. Ich habe auch keine Angst, ich könnte ihm irgendwann begegnen. Ich denke ganz selten daran, daß ich ihm begegnen könnte. Ich weiß gar nicht, ob ich ihn erkennen würde. Es ist inzwischen ja so viel Zeit vergangen. In der Zeit, als ich angefangen hatte, darüber zu sprechen, habe ich überlegt, ob ich noch mal was unternehmen soll, ihn anzeigen soll – aber ich weiß nicht, ob das was bringt. Mir selber wird es sicher nichts geben. Meine Freundin meinte zwar, ich sollte es trotzdem tun, es könnte ja sein, daß er nach wie vor sein Unwesen treibt. Manchmal habe ich schon gedacht, eigentlich ist er eine arme Sau. Er ist ja total gefangen von sich selber, wenn er sich so primitiv befriedigen muß, indem er kleine Jungen verführt, und sich dabei selber gar keine Gedanken darüber macht, welche Folgen das hat.

Die Familie des Jungen

In den Fortbildungen über die sexuelle Ausbeutung von Kindern wird von den Teilnehmern oft gefragt, ob Familien, in denen Kinder sexuell mißhandelt werden, mit einigen typischen Merkmalen charakterisiert werden können. Nun gibt es weder die typische „normale" Familie, noch die typische Familie, in der Kinder sexuell ausgebeutet werden. Aus angloamerikanischen Untersuchungen geht jedoch hervor, daß diese Familien gewisse ähnliche Strukturen aufweisen[1]. Anscheinend spielt es dabei keine Rolle, ob das mißbrauchte Kind ein Mädchen oder ein Junge ist, und genauso wenig, ob die sexuellen Mißhandlungen von einem Familienmitglied begangen wurden oder außerhalb der Familie stattfanden[2, 3, 4]. Das heißt aber nicht, daß diese Strukturen in Familien, in denen Kinder sexuell mißhandelt werden, immer vorzufinden sind.

Mit Familienstrukturen ist hier gemeint, daß in den Familien bestimmte unausgesprochene Regeln herrschen, die den Umgang untereinander und die Kontakte zu familienfremden Personen bestimmen. Im allgemeinen grenzt sich eine Familie, in der ein Kind sexuell mißbraucht wird, nach außen hin starr ab. Dies geschieht in erster Linie, um die sexuelle Ausbeutung des Kindes geheimzuhalten[5]. Eine Öffnung der Familie nach außen, engere Kontakte einzelner Familienmitglieder mit anderen Personen beinhalten immer die Gefahr, daß der sexuelle Mißbrauch des Kindes entdeckt werden kann und die Familie dadurch auseinanderbricht. Da aus diesem Grund soziale Kontakte nach außen nicht aufgebaut werden dürfen, können Bedürfnisse nach Nähe, Zuwendung und Anerkennung nur innerhalb der Familie befriedigt werden. Um sich nicht völlig vereinsamt zu fühlen, brauchen die Familienmitglieder einander. Sie sind emotional voneinander abhängig. Innerhalb der Familie sind die Grenzen sowohl zwischen den Generationen (Eltern - Kind) als auch zwischen den einzelnen Personen verwischt. So sind häufig die Eltern-Kind-Rollen vertauscht. Die Erwachsenen zwingen das Kind, an ihrer Stelle Verantwortung für die emotionalen und auch physischen Bedürfnisse der einzelnen Familienmitglieder zu übernehmen. Das kann sich auf die Versorgung des Haushaltes beziehen, auf die Rolle des Ratgebers und Schlichters bei Eheproblemen, und darauf, daß das Kind die sexuellen Bedürfnisse eines Erwachsenen befriedigen muß. Gleichzeitig ist es den Familienmitgliedern nicht erlaubt, Grenzen bezüglich des eigenen Körpers, des Eigentums oder des eigenen Zimmers zu setzen. In diesen Familien gibt es oft keine Schlüssel zu den Zimmertüren und keine Bereiche, in denen man ungestört und unbeobachtet sein darf. In der Regel fehlen Respekt und Achtung vor der Intimsphäre des anderen. Oft herrscht eine Ideologie, in der die Kinder und die Ehefrau als Eigentum des Mannes betrachtet werden. Die Struktur in den Familien ist autoritär. Macht wird, meistens vom Vater, willkürlich, ohne Regeln oder Vorwarnung ausgeübt und ist oft eng verknüpft mit körperlicher Gewalt. Konflikte und damit auch die sexuelle Ausbeutung des Kindes werden als bedrohlich erlebt und geleugnet. So „übersieht" die Mutter, daß ihr Kind sexuell mißbraucht wird, und der Täter leugnet die Realität der sexuellen Gewalt oder bezeichnet diese als „angemessene Form der Aufklärung". Geleugnet werden häufig auch Gefühle von Wut und Haß untereinander und überhaupt jegliche Spannung innerhalb der Familie. Alle negativen Gefühle werden in die als feindlich empfundene Außenwelt projiziert.

Die Isolation der Familie läßt soziale Kontrolle von außen kaum zu. Das bedeutet, daß weder die einzelnen Familienmitglieder das Verhalten der anderen durch die Beobachtung von anderen Familien besser einschätzen, relativieren oder verändern können, noch ist es Außenstehenden möglich, durch die oft nach außen demonstrierte harmonische Einheit der Familie hindurch wahrzunehmen, was tatsächlich vor sich geht.

Es muß an dieser Stelle noch einmal betont werden, daß sexuelle Gewalt auch in Familien vorkommen kann, die viele und enge Außenkontakte pflegen. Das einzige Charakteristikum, das nach bisherigem Wissen in sehr vielen Familien mit sexuell ausgebeuteten Kindern vorkommt, ist, daß Jungen und Mädchen häufig Partnerfunktionen für den jeweiligen Elternteil übernehmen müssen.

Über die Reaktionen der Eltern nach der Aufdeckung von sexueller Gewalt gegen ihren Sohn ist wenig bekannt. In der bisher unseres Wissens einzigen größeren Untersuchung von Rogers und Terry[6], die sich auf etwa hundert Familien bezieht, beschränken sich die Forscher auf Jungen, die außerhalb der Familie sexuell mißbraucht wurden. Anfangs nahm man an, daß Jungen fast ausschließlich von der Familie nahestehenden Personen sexuell mißhandelt werden. Inzwischen werden jedoch immer mehr Fälle von sexuellen Mißhandlungen auch durch die Väter (oder Mütter) der Jungen bekannt[7]. Obwohl die Untersuchungsergebnisse von Rogers und Terry von daher nur eingeschränkt aussagekräftig sind, möchten wir sie hier wiedergeben. Untersuchungen über die Reaktionen von Eltern, deren Sohn von einem Ehepartner sexuell mißhandelt wurde, existieren unseres Wissens bisher noch nicht (Stand Oktober 1989).

Das Verhalten der Eltern ist abhängig vom Alter des Kindes, der Art des sexuellen Mißbrauchs, davon, ob Drohungen eine Rolle gespielt haben, und von der Beziehung zum Täter. Die ersten Reaktionen der Eltern sind Wut und Zorn, und zwar entweder gegenüber dem Täter, dem Kind oder beiden, oder gegenüber den eingeschalteten SozialarbeiterInnen/TherapeutInnen. Eigene Schuldgefühle sind ebenfalls üblich, besonders wenn die Eltern glauben, sich selbst fehlerhaft verhalten zu haben (beispielsweise durch Ignorieren früher berichteter Übergriffe).

Drei Reaktionsweisen sind besonders oft bei Eltern mißbrauchter Jungen zu beobachten:

1. Leugnung oder Bagatellisieren
2. Schuldzuweisungen gegenüber dem Opfer
3. Unrealistische Ängste bezüglich der Auswirkungen der sexuellen Übergriffe.

1. Leugnung oder Bagatellisieren

Die Eltern sexuell mißbrauchter Jungen leugnen oft ganz unterschiedliche Aspekte der Situation. Manche leugnen, daß ihr Sohn überhaupt sexuell ausgebeutet wurde, andere leugnen Einzelheiten der Situation, und wiederum andere bagatellisieren die durch die Mißhandlungen ausgelösten Folgen. Die jeweiligen Gründe für diese Haltung sind ganz unterschiedlich. Sie reichen von einer schon vorher wenig fürsorglichen Beziehung zwischen Eltern und Sohn bis zu dem Versuch, sich durch das Leugnen vor eigener Betroffenheit zu schützen. Viele Eltern fühlen sich von der Situation völlig überfordert. Sie fühlen sich schuldig, weil sie ihren Sohn nicht vor den sexuellen Mißhandlungen schützen konnten, und sie befürchten, daß ihr Sohn jetzt homosexuell sei. Wenn der Täter ein Freund oder Verwandter der Eltern ist, dann sind sie oft sehr verunsichert, wem sie glauben sollen. Einerseits können sie es sich einfach nicht vorstellen, daß ihr Freund (Bruder, Vater) ihren Sohn sexuell ausgebeutet hat, andererseits glauben und vertrauen sie ihrem Kind. Auch vor den Reaktionen ihrer Umgebung und vor dem Gerede in der Nachbarschaft fürchten sie sich. Ein Ausweg aus diesen widersprüchlichen Gefühlen und Ängsten scheint dann das Leugnen oder das Bagatellisieren der sexuellen Mißhandlung zu sein. Vielen Eltern ist es am liebsten, „wenn endlich Gras über die Sache wächst", „der Junge endlich seine Ruhe hat" oder „wir es endlich vergessen können". Leidtragender bei dieser Haltung ist in erster Linie der Junge. Er wird mit seinen ambivalenten Gefühlen gegenüber dem Täter, seinen Ängsten und seinen Schuldgefühlen allein gelassen.

2. Schuldzuweisungen gegenüber dem Opfer

Häufig wird dem sexuell mißbrauchten Jungen von seinen Eltern vorgeworfen, daß er sich in der Situation nicht richtig verhalten bzw. sich nicht genügend gewehrt hätte. Dahinter verbergen sich oft entweder Abwehr eigener Schuldgefühle (z. B. den Jungen nicht genügend beaufsichtigt zu haben) oder sehr hohe rigide Ansprüche an das Kind. Die Eltern können sich nicht in das kindliche Verhaltensrepertoire einfühlen. Sie gehen davon aus, daß ein Kind mit den Möglichkeiten eines Erwachsenen eine Situation überschauen und dementsprechend handeln kann. Das Kind hat sich aus ihrer Sicht also trotz des Wissens über die möglichen Gefahren und Folgen der sexuellen Handlungen in die Situation hineinbegeben und an dem sexuellen Mißbrauch teilgenommen. Diese Eltern glauben oft, daß die homosexuellen Wünsche des Kindes ausschlaggebend für die sexuellen Mißhandlungen waren, nicht die Bedürfnisse des Täters. Durch diese Einschätzungen und Beschuldigungen verstärken sich die Folgen der sexuellen Gewalterlebnisse für das Kind. Die durch den Mißbrauch beim Jungen schon vorhandenen Zweifel an der eigenen Geschlechtsrollenidentität werden dadurch ebenso bestätigt wie sein Gefühl, „schwach", „unmännlich" und „kein richtiger Junge" mehr zu sein.

3. Unrealistische Ängste bezüglich der Auswirkungen der sexuellen Übergriffe

Viele Eltern fürchten sich vor allem davor, daß ihr Sohn durch die sexuellen Mißhandlungen homosexuell werden könnte. Natürlich ist das Verhalten eines jeden Jungen nach einem solchen Geschehen verändert. Es kann beispielsweise sein, daß er ängstlicher, zurückgezogener und abhängiger von seinen Eltern ist als vorher. Eltern, die dieses Verhalten vielleicht aufgrund eigener Ängste falsch interpretieren, neigen dann möglicherweise dazu, ihren Sohn ständig zu beobachten oder ihm alles abzunehmen. Ängste der Eltern können den Jungen daran hindern, den Mißbrauch angemessen zu verarbeiten. So ist es möglich, daß, wenn die Ängste der

Eltern sehr groß sind, der Junge glaubt, seine „Männlichkeit“ besonders deutlich durch nach außen gerichtetes, aggressives Verhalten beweisen zu müssen. Es kann aber auch sein, daß er die Ängste der Eltern übernimmt und jetzt beispielsweise sicher glaubt, homosexuell zu sein.

Rogers und Terry[6] betonen aber auch, daß viele Eltern sich neben den eben beschriebenen Reaktionen auch anteilnehmend und unterstützend ihrem Sohn gegenüber verhalten.

Was ist mit der Mutter?

Über die Persönlichkeit der Mutter des betroffenen Jungen sowie ihre Rolle während und ihre Reaktion nach Bekanntwerden des sexuellen Mißbrauchs ist bisher sehr wenig bekannt. Bestimmte gängige Einschätzungen, beispielsweise die Mutter hätte als Ehefrau versagt, sei sexuell desinteressiert, frigide und dränge deshalb ihre Tochter in die Rolle der Ehefrau, gelten schon bei Mädchen als widerlegt und können bei sexueller Gewalt gegen Jungen nicht angenommen werden[8]. Viele Täter haben sexuelle Kontakte mit ihren Frauen und beuten gleichzeitig ihre Kinder (Mädchen und Jungen) sexuell aus. Aufgrund sexueller „Bedürftigkeit“ werden diese Männer nicht zu Tätern[8]. Wenn Mütter das sexuelle Interesse ihres Mannes an den Kindern spüren, nehmen sie oft an, sie könnten das Kind vor sexuellen Mißhandlungen schützen, wenn sie sämtliche sexuellen Wünsche des Mannes erfüllen.

Unklar bleibt, inwieweit die Abwesenheit der Mütter (durch Krankheit, Schwangerschaft, Beruf) die Möglichkeit sexueller Übergriffe auch bei Jungen erhöht. Pierce und

Pierce[3] fanden in ihrer Untersuchung, die sich auf fünfundzwanzig sexuell mißbrauchte Jungen bezieht, heraus, daß in 25% der Fälle die Mütter von den die Kinder betreuenden SozialarbeiterInnen als „psychisch krank“ (ohne daß dieser Ausdruck näher erläutert würde) eingestuft wurden. Nach der Untersuchung tolerierte die Mutter die sexuelle Ausbeutung dann am ehesten, wenn sie ihren Ehemann als „Tyrann“ einstufte, der sie oft drangsalierte und bedrohte. In 16% der Fälle weigerte sich die Mutter, ihren Söhnen zu glauben, 12% hatten Angst, durch das Aufdecken des Mißbrauchs Einkommen und emotionale Unterstützung zu verlieren. Annähernd 25% der Mütter leugneten, daß die sexuellen Mißhandlungen stattgefunden hätten. In der Untersuchung wird aber weder auf die Vorgeschichte der Mütter eingegangen noch die Frage untersucht, ob sich die Reaktionen der Mütter unterscheiden, je nachdem ob ihre Tochter oder ihr Sohn sexuell mißhandelt wurde. Zudem ist die Anzahl untersuchter Mütter zu gering, als daß diese Ergebnisse verallgemeinert werden könnten. Nach heutigem Wissensstand ist es beispielsweise höchst unwahrscheinlich, daß jede vierte Mutter eines sexuell mißbrauchten Jungen „psychisch krank“ ist. Aufgrund von praktischen Erfahrungen können wir aber davon ausgehen, daß wahrscheinlich viele Mütter in ihrer Kindheit selbst sexuell ausgebeutet wurden.

Wenn ein Kind sexuell mißbraucht wird, so wird dies oft jahrelang von seiner Umgebung, auch von seiner Mutter, bewußt oder unbewußt ignoriert. Vielen Müttern wird deshalb vorgeworfen, in ihrer Rolle als Mutter versagt zu haben. Bevor man diese Frauen so pauschal verurteilt, sollte man sich ihre Situation vor Augen führen: Eine Mutter, deren Sohn von ihrem Mann oder Freund sexuell mißhandelt wurde, muß beim Aufdecken des Mißbrauchs sowohl mit dem Gefühl fertig werden, daß ihr Mann ein sogenannter

„Kinderschänder“ ist, als auch mit dem Stigma, er oder ihr Sohn seien homosexuell. Neben Schuldgefühlen – das Kind nicht genügend geschützt zu haben – wird sie mit der Tatsache konfrontiert, den Mann und den Ernährer der Familie zu verlieren, und muß mit dem Gefühl fertig werden, selbst verraten und betrogen worden zu sein. Eine Mutter, die nicht bemerkt, daß ihr Kind sexuell mißhandelt wird, oder die, wenn sie es erfährt, keine Konsequenzen zieht, trägt aber dennoch Mitverantwortung am Leiden ihres Kindes.

Da sich die meisten Untersuchungen auf die Jungen, die Opfer sexuellen Mißbrauchs, und auf die Täter konzentrieren, bleiben eine Reihe von Fragen, die die Familie betreffen, offen:

So wäre zu überprüfen, ob die These, daß viele Mütter sexuell mißbrauchter Jungen ebenfalls sexuell ausgebeutet wurden, zutrifft.

Eltern scheinen, wie die Untersuchung von Rogers und Terry[6] zeigt, die sexuelle Ausbeutung ihres Sohnes häufig zu leugnen. Wer leugnet die sexuelle Mißhandlung eher, die Mutter oder der Vater eines mißbrauchten Jungen? Reagieren insbesondere Mütter auf den sexuellen Mißbrauch ihres Sohnes anders als auf den der Tochter?

Wie verhält sich die Mutter, falls ihr Ehemann oder Freund ihren Sohn mißbraucht haben: Unterstützt sie dann ihren Sohn und trennt sich eventuell von dem Täter, oder hält sie zum Partner?

Wie reagieren die Geschwister auf die sexuelle Ausbeutung ihres Bruders? Zeigen sie unterschiedliche Reaktionen, wenn der Vater oder aber ein naher Verwandter oder Nachbar der Täter ist, und wie werden sie jeweils mit der Situation fertig? Verändert die Aufdeckung des Mißbrauchs ihre Beziehung zu dem Bruder?

Trotz der offenen Fragen ist aber eines klar: Sexuelle Gewalt gegen Jungen kommt in allen Schichten vor, unabhängig davon, ob die Eltern arm oder reich, gebildet oder ungebildet sind[2].

Informationen und Hintergründe über die Täter

Sexuelle Gewalt gegen Kinder kommt in allen Schichten vor. Der Täter ist kein krimineller „Sittenstrolch“, der in dunklen Parks Kinder vergewaltigt, sondern stammt meist aus dem nahen Umfeld der Kinder. Es sind ganz „normale“ Männer, jeden Alters, jeder Intelligenz und aus jeder Schicht, die Kinder sexuell mißhandeln. Es gibt inzwischen eine Vielzahl von (überwiegend amerikanischen) Untersuchungen über Jugendliche, Frauen und Männer als Täter.

Über Kinder, die Kinder sexuell mißbrauchen, ist kaum etwas bekannt. Häufig kommen gerade Jungen erst dann in die therapeutische Praxis, wenn sie durch sexuelle Angriffe gegenüber anderen Kindern oder Puppen aufgefallen sind. Andere frühere Signale, wie zum Beispiel eine sexualisierte Sprache oder detailliertes Wissen über sexuelle Praktiken, wurden entweder ignoriert oder mit Erklärungen wie zum Beispiel „Das kommt durch diese Videofilme“ abgetan. Sexualisiertes Spielverhalten oder genaue Kenntnisse über erwachsene Formen von Sexualität können aber nicht durch das bloße Ansehen solcher Szenen im Fernsehen hervorgerufen werden. Kinder behalten so etwas nicht, noch spielen sie es zwanghaft immer wieder nach, wenn es für sie nicht eine wichtige Bedeutung hat, wenn sie es nicht selbst erlitten haben. Es sind Hilferufe, die oft auf noch andauernde, eigene sexuelle Gewalterfahrungen hinweisen. Wird den

Jungen keine therapeutische Aufarbeitung dieses Traumas ermöglicht, ist die Gefahr groß, daß es auch noch im Erwachsenenalter zu sexuellen Angriffen gegenüber anderen Kindern kommt. Der sexuelle Mißbrauch von anderen Kindern stellt häufig der Endpunkt einer Kette von Signalen dar, mit denen die Kinder auf ihre innere Not hinweisen. Das rechtzeitige Ernstnehmen von scheinbar so harmlosen Verhaltensauffälligkeiten wie beispielsweise einer plötzlichen sexualisierten Sprache hilft damit nicht nur dem betroffenen Jungen, sondern schützt auch andere Kinder vor sexuellen Übergriffen.

In fast allen Untersuchungen ist der Anteil jugendlicher Täter besonders hoch[1, 2, 3]. Viele dieser Jugendlichen sind in ihrer Kindheit selbst sexuell mißhandelt worden[4, 5]. Wahrscheinlich ist dies mit eine der Ursachen, warum sie später selbst zu Tätern werden. In der Pubertät setzen sich Jungen verstärkt mit ihrer männlichen Rolle auseinander. Für Jungen, die mit rigiden männlichen Verhaltensnormen (im Sinne von: ein Junge ist stark, tapfer und kann sich wehren) aufgewachsen sind und als Kind mißbraucht wurden, ist die Pubertät eine Zeit besonderer Verunsicherung: sie haben oft das Gefühl, durch die sexuellen Mißhandlungen „kein richtiger Mann" mehr zu sein. Je stärker die Gefühle von Ohnmacht, Schmerz und Angst nicht gezeigt werden durften, weil sie mit Schwäche oder Unmännlichkeit gleichgesetzt wurden, desto weniger konnten die Mißbrauchserlebnisse verarbeitet werden. Möglicherweise mißhandelt der Jugendliche andere Kinder, um sich unbewußt, in der Identifizierung mit dem Täter, wieder als „richtiger Mann" fühlen zu können.

Die Eltern jugendlicher Täter scheinen oft ebenfalls sexuell mißbraucht worden zu sein[6]. Manchmal wird bei Bekanntwerden der sexuellen Ausbeutung eines Kindes eine ganze Kette von sexuellen Gewalterfahrungen aufgedeckt: Nicht nur die Eltern des Kindes sind sexuell mißhandelt worden, sondern bereits die Großeltern. Jugendliche Täter zeigen häufig die gleichen Verhaltensauffälligkeiten wie die Opfer, beispielsweise Brandstiftung, aggressives Verhalten und Schulleistungsstörungen. Zudem ergaben die Studien, daß diese Jugendlichen häufig nur sehr wenige oberflächliche oder gar keine sozialen Kontakte zu Gleichaltrigen hatten[6]. Es stellt sich deswegen die Frage, inwieweit diese Verhaltensauffälligkeiten nicht auch mit eigenen sexuellen Mißbrauchserlebnissen der jugendlichen Täter zusammenhängen.

Frauen, die ihre Kinder (Mädchen und Jungen) sexuell mißbrauchen, werden als absolute Ausnahmen betrachtet. In letzter Zeit hören wir auf Fortbildungen und in der therapeutischen Praxis häufiger von Frauen, die ihre Kinder sexuell ausbeuten. Es handelt sich dabei aber eher um nicht so offensichtliche Formen der Mißhandlung, sondern um eine Art sexualisiertes Sorgeverhalten: So war zum Beispiel ein zwölfjähriger Junge wegen Schmerzen im Genitalbereich in ständiger ärztlicher Behandlung. Mit der Begründung, daß sie um seine Gesundheit besorgt sei, wurde er von seiner Mutter immer wieder gezwungen, sich vor ihr auszuziehen und sich an den Genitalien anfassen zu lassen, obwohl er das nicht wollte. Es gibt aber auch Frauen, die ihre Kinder direkt zu sexuellen Handlungen zwingen, so wie es M. Bieler in seinem autobiographischen Roman „Still wie die Nacht. Memoiren eines Kindes“[7] beschreibt. Ein amerikanischer Therapeut berichtet zudem von Männern, die zuerst sexuelle Übergriffe durch männliche Täter angaben, und sich im Laufe ihrer Therapie plötzlich auch an Mißhandlungen durch Frauen erinnern konnten[8]. Über Frauen als Täter existieren bisher nur sehr wenige Fallstudien[9, 10]. Danach sind diese Frauen zum größten Teil in ihrer Kindheit selbst sexuell ausgebeutet worden. Sie leiden oft unter Drogen- und Alkoholabhängigkeit, unter selbstzerstörerischen Tendenzen und einem niedrigen Selbstwertgefühl und haben ein äußerst schlechtes Verhältnis zur Sexualität[6]. Die Motive, Kinder sexuell zu mißbrauchen, scheinen bei Männern und Frauen ähnlich zu sein. Im Vordergrund steht die Befriedigung von emotionalen Bedürfnissen nach Macht und Kontrolle, aber auch Nähe und Intimität mit dem Kind. Das Kind wird dabei als eine Art Partnerersatz benutzt[6].

Über männliche Täter sind inzwischen schon eine Vielzahl hauptsächlich amerikanischer Studien veröffentlicht worden. Danach stammen die Täter aus allen Schichten der Bevölkerung[11]. Es sind ganz „normale" Männer ohne besondere psychische Auffälligkeiten. Sie sind in der Mehrzahl heterosexuell orientiert und im Vergleich zur übrigen Bevölkerung nicht besonders häufig drogen- oder alkoholabhängig[11]. Obwohl in einigen Familien durchaus viel Alkohol getrunken wird, werden die sexuellen Handlungen nicht durch den Alkohol ausgelöst. Alkohol kann lediglich die noch vorhandenen Hemmschwellen herabsetzen und die Schuldgefühle danach verringern. Der Wunsch, das Kind sexuell zu mißhandeln, steht jedoch in keinem Zusammenhang mit einer Alkoholabhängigkeit des Täters[6]. In allen Untersuchungen über männliche Täter erstaunt auch hier wieder der hohe Prozentsatz von Männern, die in ihrer Kindheit sexuell mißhandelt worden sind, oder die erleben mußten, wie ihre Geschwister sexuell ausgebeutet wurden[5, 6, 12]. Die Täter besitzen oft ein sehr geringes Selbstbewußtsein und können nur selten eigene Gefühle spüren und ausdrücken. Es fehlt ihnen die Fähigkeit, mit Konflikten angemessen umzugehen, und sie fühlen sich sehr unsicher im Umgang mit ihrer Sexualität. Der amerikanische Wissenschaftler N. Groth unterteilt männliche Täter in zwei Gruppen[11]:

Das sexuelle Interesse der Männer der ersten Gruppe richtet sich fast ausschließlich auf Kinder. Diese Wünsche beginnen schon in der Pubertät und beziehen sich meist auf präpubertäre Kinder, häufig Jungen. Sexuelle und freundschaftliche Kontakte zu anderen Gleichaltrigen sind äußerst selten. Es gibt aber in dieser Gruppe auch Männer, die wahrscheinlich aufgrund sozialen Drucks oder anderer Faktoren verheiratet sind. Im allgemeinen fühlen sich diese Männer in gleichberechtigten Beziehungen unwohl. Sie erleben Kinder als weniger bedrohlich und identifizieren sich mit ihnen. Beruflich sind sie gewöhnlich in den sogenannten Elternersatzberufen wie Lehrer, Erzieher tätig. Obwohl es sich in der Regel um gleichgeschlechtlichen Mißbrauch handelt, fühlen diese Männer sich nicht von erwachsenen Männern angezogen. Ausschlaggebend ist nicht das Geschlecht des Jungen, sondern die Identifizierung mit ihm. Die Männer versuchen häufig, ihr Verhalten dem des Kindes anzupassen, um von ihm als gleichberechtigt akzeptiert zu werden. Diese Identifizierung geht meist so weit, daß sie meinen, ihre emotionalen und sexuellen Wünsche seien identisch mit denen des Kindes. Die Beziehungen zu den Jungen sind geprägt von großer Emotionalität, die sexuellen Handlungen werden sorgfältig geplant und steigern sich langsam. Das Interesse ist ausdauernd und trägt oft zwanghafte Züge. Selbst wenn die Täter versuchen, die sexuellen Übergriffe zu beenden, gelingt es ihnen selten.

Das sexuelle Interesse der Männer der zweiten Gruppe richtet sich im Großen und Ganzen auf erwachsene Frauen. Beziehungen mit Gleichaltrigen sind für sie – im Gegensatz zu den Männern der ersten Gruppe – kein Problem. Mit zunehmendem Alter scheinen sie allerdings den Verantwortlichkeiten und Anforderungen der Umwelt, sei es in der Ehe, im Beruf oder im Familienalltag nicht mehr gewachsen zu sein. Ausgelöst durch immer größere Schwierigkeiten beruflicher Art oder in der Ehe, kommt es zu einer Krise, in deren Verlauf sie sich Kindern zuwenden. Laut Groth werden von diesem Tätertypus hauptsächlich Mädchen in der Familie mißbraucht. Die ersten sexuellen Übergriffe sind in der Regel ungeplant. Dies ändert sich später. Das Verhalten wird zwanghaft und nimmt ähnlich wie bei den Männern der ersten Gruppe allmählich Suchtcharakter an. Der Kontakt zum Kind soll die emotional unbefriedigende Beziehung zum erwachsenen Partner ersetzen. Häufig haben diese Männer sexuelle Kontakte sowohl mit einer erwachsenen Frau als auch mit einem Kind. Der Täter verleugnet dabei seine Erwachsenenrolle gegenüber dem Kind und sieht in ihm einen quasi gleichberechtigten Partner. Durch die sexuelle Beziehung mit dem Kind gelingt es dem Täter, die in der vorangegangenen Krise verlorenen Gefühle von Macht und Kontrolle, von Bestätigung und Identität wiederzuerlangen. Groth unterscheidet bei dieser Tätergruppe zwischen dem „passiv-abhängigen" und dem „aggressiv-dominanten" Typ. Der erstgenannte nimmt gegenüber seiner Frau eher die Position des abhängigen Kindes ein, dessen emotionale Wünsche nach Bestätigung und Versorgtwerden von ihr vollständig erfüllt werden müssen, und der diese Wünsche bei Weigerung seiner Frau auf das Kind überträgt. Der „aggressiv-dominante" Mann sieht sich hingegen als Oberhaupt der Familie, von dem die anderen finanziell und sozial abhängig sind und betrachtet seine Frau und seine Kinder als sein Eigentum. Sexueller Mißbrauch ist für ihn sein natürliches Recht und stellt eine Form der Kontrolle und Bestrafung der Familienmitglieder dar.

Den Täter der ersten Gruppe würde man hier als sogenannten „pädophilen" Täter bezeichnen, den Täter der zweiten Gruppe als sogenannten „Inzesttäter". Bei den

„pädophilen" Tätern denken wir häufig nur an sexuell mißhandelte Jungen, während „Inzesttäter" in unseren Augen nur Mädchen sexuell ausbeuten. Neuere Untersuchungen zeigen aber, daß Jungen auch innerhalb der Familie mißhandelt werden, daß „Inzesttäter" neben eigenen Kindern auch fremde Kinder mißbrauchen, und daß „pädophile" Täter sich durchaus auch Mädchen zuwenden[6, 8]. Diese Begriffe sind, so wie sie in der BRD verwendet werden, mißverständlich und irreführend. Darauf sollte gerade in Diskussionen, die um die „freie" Sexualität zwischen Kindern und Erwachsenen geführt werden, geachtet werden.

Untersuchungen, die sich genauer mit dem Täterverhalten auseinandersetzen, fanden bei den männlichen Tätern einen typischen kreisförmigen Verlauf. Wahrscheinlich sind ähnliche Prozesse auch bei weiblichen Tätern zu beobachten.

Am Anfang fühlt der Täter sich häufig sehr depressiv, hat kein Selbstbewußtsein und glaubt, anderen ausgeliefert zu sein und von seiner Umgebung abgelehnt zu werden. Diese Gefühle werden oft schon durch geringe Schwierigkeiten im Beruf oder in der Partnerschaft verstärkt. Daraufhin verhält sich der Täter entweder betont aggressiv gegenüber seiner Umgebung, oder er zieht sich ganz von allen anderen zurück. Um die daraus resultierende Einsamkeit und das gleichzeitige Gefühl von völliger Wertlosigkeit besser ertragen zu können, flüchtet sich der Täter in Phantasien und Tagträume. Im Gegensatz zum realen Geschehen erträumt er sich Situationen, in denen er mächtig ist, andere kontrollieren und verletzen kann. Sehr häufig beinhalten schon diese Phantasien sexuelle Übergriffe gegenüber Kindern. Gleichzeitig entwickelt er Rationalisierungen, mit denen er sich von Schuld freisprechen kann, wie zum Beispiel „Es wird Zeit, daß der Junge lernt, wie man einen richtigen

Orgasmus bekommt“ oder „Der Junge lächelt mich die ganze Zeit so verführerisch an, er will bestimmt etwas Sexuelles von mir“ usw. Anschließend werden dann Ort, Zeitpunkt und die Art der sexuellen Mißhandlungen in Gedanken immer wieder durchgespielt und auch in die Masturbationsphantasien miteinbezogen. Häufig entwickelt sich ein regelrechtes Ritual, in dem die Mißbrauchshandlung, der Ort und die Zeit genau festgelegt sind. Die phantasierten und dann später ausgeführten sexuellen Mißhandlungen werden damit genauestens geplant und sind somit keine spontanen Übergriffe auf die Kinder.

Nach der sexuellen Ausbeutung eines Kindes haben die Täter häufig Schuldgefühle und auch Angst, entdeckt zu werden. Eine Form der Abwehr besteht dann darin, das angeblich verführerische Verhalten des Kindes zu betonen, um sich der Verantwortung für die Tat zu entledigen. Trotzdem fühlen sich die Täter schmutzig und schlecht, entwickeln Selbsthaß und Suizidgedanken und flüchten sich daraufhin erneut in die oben beschriebenen Phantasien. Der sexuelle Kontakt mit dem Kind wird immer unvermeidbarer, immer zwanghafter und entwickelt sich zur Sucht.

Aus alledem wird deutlich, daß es „den Täter“ nicht gibt. Dennoch scheinen der oben dargestellte Prozeß der Mißhandlung sowie die Motive der Täter ähnlich zu sein. Die Tatsache, daß viele Täter in ihrer Kindheit selbst sexuell mißbraucht worden sind, kann zwar spätere Mißhandlungen anderer Kinder in keiner Form rechtfertigen oder entschuldigen, sollte uns aber vor Augen führen, daß Täter immer auch aus einer großen inneren Not handeln. Wir brauchen deshalb dringend therapeutische Einrichtungen auch für Täter, um den Kreislauf der Gewalt durchbrechen zu können.

Was Erwachsene tun können, die von dem sexuellen Mißbrauch eines Kindes erfahren

Sexuell mißbrauchten Kindern fällt es sehr schwer, darüber zu sprechen, was ihnen passiert ist. Oftmals sind bestimmte Verhaltensauffälligkeiten und/oder psychosomatische Beschwerden die einzigen Möglichkeiten, wie sie auf ihre innere Not aufmerksam machen können. Obwohl es unerläßlich ist, diese Hilferufe ernstzunehmen, sollte niemand überstürzt reagieren. Es ist wichtig, sich genügend Zeit zu lassen, um genau zu planen und vorzubereiten, welche „Hilfsmaßnahmen" im jeweils individuellen Fall am meisten nützen.

Bei der Frage „Was kann ich tun?" geht es erst einmal darum, so viele Fakten wie möglich über das Kind zu sammeln: Seit wann verhält sich das Kind auffällig? Was sind das genau für veränderte Verhaltensweisen? Wie sind die Beziehungen des Kindes zum Vater, zur Mutter, zu den Geschwistern und Freunden? Was erzählt das Kind über sein Zuhause? Gleichzeitig ist es wichtig, sich mit den eigenen Gefühlen gegenüber dem Thema auseinanderzusetzen: Wie geht es mir, wenn ich von der sexuellen Ausbeutung eines Kindes erfahre? Habe ich selbst etwas Ähnliches erlebt, oder erinnert es mich an Kindheitserlebnisse, in denen ich mich ohnmächtig und benutzt fühlte? Traue ich es mir zu, mit dem Kind über die sexuellen Mißhandlungen zu sprechen? Kann ich die sexuellen Handlungen ansprechen, ohne mich zu ekeln, zu ängstigen oder mich überwältigt zu fühlen? Um diese Fragen zu klären, ist es hilfreich, sich über die Thematik genauer zu informieren und sich mit anderen auszutauschen. In fast jeder Stadt gibt es mittlerweile Beratungsstellen, die sich mit der Thematik der sexuellen Ausbeutung von Kindern beschäftigen (vgl. Adressenliste im Anhang des Buches). Diese BeraterInnen sind im Umgang mit sexuell mißbrauchten Kindern geschult. Sie wissen, welche Hilfsangebote, Unterbringungsmöglichkeiten und Therapeuten es für sexuell mißhandelte Kinder gibt, und welche rechtlichen Schritte unter Umständen notwendig sind. Sie können in der persönlichen Auseinandersetzung helfen und die bei einer möglichen Strafanzeige erforderliche Zusammenarbeit mit Jugendamt, Polizei, Ärzten etc. koordinieren. Der erste Schritt, einem sexuell mißbrauchten Kind zu helfen, besteht also darin, so viele Fakten wie möglich über das Kind zu sammeln, und sich gleichzeitig mit dem Thema persönlich auseinanderzusetzen. Diese persönliche Auseinandersetzung ist sehr wichtig. Im Gespräch spüren die Kinder im allgemeinen sofort, ob ein Erwachsener wirklich daran interessiert ist, etwas über die Mißhandlungen zu erfahren, oder ob er davor zurückschreckt und mit Angst, Ekel oder Scham reagiert. Da sie sich in der Regel für den sexuellen Mißbrauch allein verantwortlich fühlen, übernehmen sie dann auch in dieser Situation die Verantwortung dafür, den Erwachsenen vor diesen Gefühlen zu schützen. Das kann dazu führen, daß die Kinder besonders peinliche Erlebnisse verschweigen oder generell leugnen, daß sie sexuell mißhandelt wurden.

Noch einmal: Die Vorbereitung eines solchen Gespräches braucht Zeit. Natürlich ist es wichtig, daß die sexuelle Ausbeutung des Kindes beendet wird. Weitaus wichtiger ist aber, daß dies in einer Art und Weise geschieht, die das Kind nicht noch mehr belastet. Ein überstürztes Gespräch, in dem sich das Kind zwar jemandem anvertrauen kann, dann aber mit den Konsequenzen allein gelassen wird, hilft dem Kind nicht weiter. Wenn das Kind über die sexuellen Mißhandlungen spricht, dann ist das für das Kind mit einigen Risiken und Ängsten verbunden: Es riskiert, daß ihm nicht geglaubt wird, daß andere ihm die Schuld an der sexuellen Ausbeutung geben. Es riskiert, von seiner Familie und dem Täter für sein Verhalten bestraft und allein gelassen zu werden oder ins Heim zu kommen. Und ein Junge riskiert, daß ihn seine Umgebung für „schwul" hält.

Ein Gespräch, in dem nicht klar wird, was hinterher mit dem Kind und der Familie geschieht, läßt das Kind mit diesen Ängsten allein und verstärkt den Leidensdruck des Kindes.

Für das Gespräch selbst sollten bestimmte Voraussetzungen erfüllt sein[1]:

Das Gespräch sollte immer an einem neutralen Ort stattfinden. Niemals zu Hause, da das Kind dort möglicherweise unter Druck gesetzt wird oder Angst hat, von einem Familienmitglied in seinen Ausführungen unterbrochen zu werden. Wenn möglich, sollte mit dem Kind immer allein gesprochen werden, da es sich so ernster genommen fühlt. Falls es sich zu sehr ängstigt, kann ein unterstützender Erwachsener mit dabei sein.

Während des Gespräches sollten immer auch das Alter und der Entwicklungsstand des Kindes mitberücksichtigt werden. So sollten Länge des Gespräches, die Tageszeit, zu der es befragt wird, und die Wortwahl kindlichen Bedürfnissen angepaßt sein.

Möglicherweise sind mehrere Gespräche notwendig, um den gesamten Sachverhalt zu klären. Abgesehen von der begrenzten Konzentrationsfähigkeit jüngerer Kinder sind viele Kinder auch sehr verwirrt und verängstigt, wenn es das erste Mal um die erlebten sexuellen Mißhandlungen geht. Wichtig ist, daß das Kind sich niemals unter Druck gesetzt fühlt, sondern Ruhe und Zeit hat. Jungen leugnen häufig, daß sexuelle Übergriffe überhaupt stattgefunden haben. Sie können erst dann darüber berichten (oder sich daran erinnern), wenn eine vertrauensvolle Atmosphäre entstanden ist und schon ausführlich über Sexualität im allgemeinen gesprochen wurde. Auch das braucht Zeit.

Am Anfang des Gespräches geht es darum, daß eine vertrauensvolle Atmosphäre zwischen dem Erwachsenen und dem Kind entsteht. Dafür ist es wichtig, daß so offen wie möglich mit dem Kind gesprochen wird. Beispielsweise sollte das Kind über Sinn und Zweck des Gespräches informiert sein, und, falls es den Erwachsenen noch nicht kennt, über dessen Rolle und Funktion. Es geht in dem Gespräch erst einmal darum, das Kind besser kennenzulernen. Schule, Sport, Hobbies sind Themen, die das gegenseitige Vertrauen fördern. Für das weitere Gespräch ist es wichtig, dem Kind durch Nachfragen, Wiederholungen der kindlichen Äußerungen etc. das Gefühl zu vermitteln, daß ihm genau und interessiert zugehört wird. Sehr hilfreich und angstreduzierend für das Kind kann dabei die Äußerung sein, daß der Erwachsene schon mit vielen anderen mißbrauchten Kindern gesprochen hat, die Ähnliches erlebt und gefühlt hätten. Dadurch bekommt das Kind den Eindruck, nicht allein zu sein und mit jemanden zu reden, der die Problematik kennt[2].

Sinn des ersten Gespräches ist es, so viele Fakten wie möglich über das Kind, die sexuellen Mißhandlungen und die familiäre Situation des Kindes zu sammeln. Nur dadurch ist es möglich, die Interventionen so zu planen, daß sie der spezifischen Situation des Kindes gerecht werden. Vielen mißhandelten Kindern ist es unter Androhung schwerster Strafen verboten, über die sexuellen Übergriffe zu sprechen. Sie fürchten sich dann davor, daß irgend etwas Schreckliches passieren könnte: Jemand könnte sterben, sie würden von niemandem mehr gemocht und beachtet, dem Täter oder einer anderen nahen Bezugsperson würde etwas Furchtbares zustoßen. Deshalb ist es wichtig, diese Ängste und Drohungen anzusprechen und dem Kind explizit die Erlaubnis zu erteilen, über die sexuelle Ausbeutung zu reden. Eine andere Möglichkeit besteht darin, sich an das Schweigegebot zu halten und dennoch den Mißbrauch mitzuteilen, indem zum Beispiel das Kind die Mißhandlung mit Hilfe von anatomisch vollständig ausgestatteten Puppen oder mit Hilfe von Zeichnungen darstellt. Dabei ist zu beachten, daß die vom Kind als erstes berichteten sexuellen Übergriffe nur äußerst selten die tatsächlichen ersten sexuellen Mißhandlungen gegenüber dem Kind waren. Sexuelle Ausbeutung steigert sich in der Regel langsam von eher „zufälligen" Berührungen, sexuellen Küssen und Umarmungen bis zu oralem und manchmal analem Verkehr. Es gibt aber auch Kinder, die direkte Fragen nach sexuellen Mißhandlungen verneinen, auch nicht zeichnen wollen und mit den Puppen nichts anfangen können. Diese Kinder ängstigen sich oft viel zu sehr, als daß sie sich jemandem anvertrauen könnten. Manche von ihnen haben vielleicht schon früher einmal die sexuellen Mißhandlungen jemandem mitgeteilt und sind dafür bestraft worden, oder man hat ihnen nicht geglaubt. Trotzdem ist es wichtig, daß der sexuelle Mißbrauch des Kindes zur Sprache kommt. Fürniss[3] schlägt in dieser Situation vor, dem Kind eine Geschichte von einem anderen Kind zu erzählen, in der die Problematik des sexuellen Mißbrauchs und die Gefühle des Kindes vorkommen. Folgende Punkte sollten in der Geschichte angesprochen werden:

1. Sexueller Mißbrauch muß geheimgehalten werden.
2. Das Kind hat Angst, daß man ihm nicht glaubt, bzw. hat erlebt, daß man ihm nicht geglaubt hat.
3. Die sexuellen Handlungen sollten in der Sprache des Kindes benannt werden.
4. Die Folgen sexueller Mißhandlungen für das Kind sollten in der Geschichte beschrieben werden.
5. Das Kind fürchtet sich vor den Drohungen des Täters.

Am Ende der Geschichte wird dann das Kind direkt gefragt, ob es so etwas kennt und auch schon erlebt hat.

Eine solche Geschichte ist abzustimmen auf das Alter des Kindes, und wenn möglich, darauf, wie und von wem das Kind sexuell mißhandelt wurde. Sie sollte dem Kind aber nicht aufgezwungen werden. Das Kind kann entscheiden, ob es sich mit dem Kind in der Geschichte identifiziert, und ob es darüber sprechen möchte.

Unabhängig davon, wie das Kind sich äußert, ist es immer wieder wichtig zu betonen, daß der Erwachsene ihm glaubt, und daß das Kind nicht schuld ist an den sexuellen Mißhandlungen.

Außerdem ist das kindliche Zeitgefühl zu beachten: Kinder wissen häufig nicht, ob die sexuellen Mißhandlungen vor drei Tagen, Wochen oder Monaten stattgefunden haben. Sie können sich aber an Ferien, Geburtstage oder besondere Feste erinnern und mit dieser Hilfe den Zeitpunkt und Dauer des Mißbrauches angeben.

Im Gespräch sollte geklärt werden, welche Formen der sexuellen Berührungen stattfanden, was der Täter dem Kind zu dem Mißbrauch gesagt hat, ob das Kind noch von anderen Opfern des Täters weiß, und ob es selber von mehreren Tätern mißhandelt worden ist[1].

Dem Kind sollte dabei immer die Möglichkeit gegeben

sein, neben negativen Gefühlen auch positive Gefühle wie Liebe und Zärtlichkeit gegenüber dem Täter äußern zu können. Dies kann das Kind nur, wenn der Erwachsene diese Äußerungen ohne Vorbehalte akzeptiert.

Wichtig ist auch, die Erwartungen und Wünsche des Kindes hinsichtlich des weiteren Vorgehens zu erfahren. Dabei dürfen dem Kind gegenüber niemals Versprechungen geäußert werden, die später nicht gehalten werden können – etwa die Versicherung, daß das Kind ganz bestimmt nicht in ein Heim kommt, obwohl das noch nicht klar ist.

Im Gespräch wird mit dem Kind überlegt, was weiter zu tun ist: Wie kann das Kind vor weiteren Mißhandlungen geschützt werden? Wo kann es untergebracht werden, falls der Täter und das Kind zusammen wohnen und der Täter die Wohnung nicht verlassen will? Wird ein Junge außerhalb der Familie mißbraucht, so ist genau zu klären, wie eng die Bindung der übrigen Familie zum Täter ist, und ob auch bei Bekanntwerden der sexuellen Mißhandlungen die Gefahr besteht, daß der Mißbrauch fortgesetzt werden kann. Zusammen mit dem Jungen ist zu klären, welche sozialen Bindungen bestehen, und wo er leben könnte, falls ein Auszug aus der familiären Wohnung unumgänglich ist.

Es ist sehr wichtig, daß das Kind dabei über jeden Schritt genau informiert wird, und niemals hinter dem Rücken des Kindes, sondern möglichst mit dessen Einverständnis, gehandelt wird. Erst wenn diese Fragen geklärt sind, wird mit der Familie über die sexuelle Ausbeutung gesprochen[4]. Dieser Zeitpunkt ist sehr wichtig, da sonst die Gefahr besteht, daß die Familie – noch während der Mißbrauch als solcher gerade aufgedeckt wird – Druck auf den Jungen ausübt, die Anschuldigungen zurückzunehmen.

Im allgemeinen löst die Aufdeckung der sexuellen Gewalt bei den Eltern große Angst, Schuldgefühle und manchmal auch Ablehnung gegenüber ihrem Sohn aus. Häufig wird dann auch der Wunsch geäußert, man solle den Jungen endlich in Ruhe lassen, damit er möglichst schnell alles vergessen und darüber hinwegkommen kann. In Familiengesprächen oder in Gesprächen nur mit den Eltern ist es wichtig, diese Ängste und zwiespältigen Gefühle ihrem Sohn gegenüber anzusprechen und zu bearbeiten. Noch einmal: Es ist wichtig, sämtliche Schritte – die Betreuung des Kindes, der Familie, des Täters, das möglicherweise notwendige Erstatten einer Strafanzeige – mit Hilfe einer Beratungsstelle gut zu koordinieren, um das Kind nicht etwa durch häufigen Wohnungswechsel, mehrere Vernehmungen etc. noch zusätzlich zu belasten.

Die eigentliche Aufarbeitung der traumatischen Erfahrungen findet dann in der Regel in einer Therapie statt. Neben Einzel- und Familientherapie sind vor allem Selbsthilfegruppen oder Gruppentherapien sinnvolle therapeutische Angebote für sexuell mißbrauchte Jungen. In der Gruppe erleben die Jungen, daß sie nicht die einzigen Opfer sexueller Gewalt sind, daß sie sich nicht alles nur eingebildet haben oder nicht verrückt sind, und können mit Unterstützung der anderen Gruppenmitglieder neue soziale Verhaltensmuster lernen und ausprobieren. Außerdem bieten die Jungen sich in einer Gruppe gegenseitig Schutz vor der anfangs oft als bedrohlich erlebten Beziehung zu dem männlichen Therapeuten. Eine Gruppentherapie bietet für Jungen einige positive Aspekte[5, 6]:

1. Die Jungen erleben, daß es möglich und entlastend sein kann, über die sexuellen Mißhandlungen und die dadurch ausgelösten Folgen zu sprechen.
2. Sie lernen, ihre Gefühle zu spüren und auszudrücken. Da Jungen in der Regel dazu erzogen werden, ihre Emotio-

nen zu kontrollieren und Gefühlsäußerungen zu vermeiden, fällt es ihnen häufig schwer, eigene Gefühle überhaupt genauer zu beschreiben. Diese „Unfähigkeit" verstärkt die traumatische Wirkung sexueller Mißhandlungen: Der Junge ist ja nicht nur sexuell, sondern auch emotional mißhandelt worden und hat kaum Möglichkeiten, dies auszudrücken. Er braucht deshalb jemanden, der ihm geduldig dabei hilft, seine Gefühle wahrzunehmen und sie als normal und angemessen zu akzeptieren. Der Therapeut ist dabei eine wichtige Hilfe, indem er einfühlsam und tolerant auf alle Gefühlsäußerungen des Jungen eingeht.

3. In der Gruppe erleben die Jungen häufig zum ersten Mal, daß freundschaftliche und unterstützende Kontakte zu anderen Jungen und zu einem Mann (dem Therapeuten) möglich sind, ohne daß dabei Sexualität eine Rolle spielt. Eigene Wünsche, von einem Mann umarmt zu werden, ihm emotional nah zu sein, wurden von ihnen sonst als Zeichen eigener homosexueller Neigungen interpretiert. In der Gruppe werden die Unterschiede zwischen Sexualität und emotionaler Nähe, zwischen liebevollen und erotischen Beziehungen erklärt. Gleichzeitig lernen die Jungen, daß Wünsche nach emotionaler Nähe mit anderen Jungen und Männern normal sind und sich von sexuellen Bedürfnissen klar unterscheiden lassen.
4. Häufig war der Täter die einzige enge männliche Bezugsperson des Jungen und damit das wichtigste männliche Rollenmodell für ihn. Indem der Therapeut nun dem Jungen quasi vorlebt, wie er mit Macht und Kontrolle umgeht, was für ihn Männlichkeit bedeutet, kann er dem Jungen ein anderes Rollenmodell anbieten. Dadurch und durch die Gespräche in der Gruppe hat der Junge die Möglichkeit, sein Bild von „Männlichkeit", und wie man sich als Mann verhalten kann, zu korrigieren. Wichtig ist es dabei, daß

parallel zu diesen Prozessen die Beziehung zum Vater aufgearbeitet und stabilisiert wird.

5. Viele mißbrauchte Jungen empfinden Schuldgefühle während und nach den sexuellen Mißhandlungen. Häufig verhalten sich die Jungen auch nach dem Ende des Mißbrauchs selbstzerstörerisch und manchmal auch sexuell aggressiv gegenüber anderen Kindern. Dauern diese Verhaltensweisen über einen längeren Zeitraum hin an, so entwickelt sich bei vielen Jungen ein intensiver Selbsthaß aufgrund dieses nicht kontrollierbaren Verhaltens. Da die Jungen während der Therapie erneut spüren, wie schmerzhaft und peinigend ihre Mißbrauchserfahrungen waren, fühlen sie sich schuldig, falls sie selbst Kinder sexuell mißhandelt haben. Je mehr es den Jungen gelingt, ihre Gefühle von Wut und Schmerz in bezug auf ihre sexuelle Ausbeutung durchzuarbeiten, desto geringer ist die Gefahr, daß sie erneut Kinder sexuell mißhandeln. Nach und nach merken sie, daß sie durch das Ausbeuten von anderen Kindern die Konfrontation mit dem Schmerz ihrer eigenen Mißhandlung vermieden haben. Die Gruppe bietet den Jungen während dieses schwierigen Prozesses Schutz und Unterstützung, da viele Mitglieder Ähnliches durchleben oder durchlebt haben.

In der Gruppentherapie erfahren die Jungen, daß ihre Reaktionen auf die sexuellen Mißhandlungen, ihre Gefühle und ihr Verhalten normal sind, und daß sie nicht schuld sind an dem, was passiert ist. Trotzdem wird es immer wieder Ereignisse geben, die die Jungen an die Mißbrauchserfahrungen erinnern und die alten Gefühle von Schuld, Verwirrung, Haß, Ohnmacht und Trauer hervorrufen. Durch die Gruppentherapie sind sie aber eher in der Lage, diese Gefühle zuzulassen und mit ihnen in einer Art und Weise umzugehen, die weder sie selbst noch andere verletzt.

Können Kinder vor sexuellem Mißbrauch geschützt werden? Erziehung und Prävention

Kinder – Mädchen und Jungen – werden weitaus häufiger Opfer sexueller Gewalt, als wir es uns bisher vorstellen konnten. Sexuelle Ausbeutung von Kindern scheint dabei so weit verbreitet zu sein, daß sexuelle Mißhandlungen fast schon Alltag im Leben vieler Kinder sind. Je bekannter diese Tatsache wird, desto dringender stellen sich zwei Fragen:

1. Gibt es Möglichkeiten zu verhindern, daß Kinder jahrelang sexuell ausgebeutet werden, ohne daß sie darüber sprechen können und jemand in ihrer Umgebung etwas davon merkt?
2. Wie können Kinder generell vor sexuellen Mißhandlungen geschützt werden?

Bei der ersten Frage geht es um die erschütternde Tatsache, daß es vielen sexuell mißbrauchten Kindern schwerfällt, sich jemandem anzuvertrauen. Diese Kinder werden oft über Jahre hinweg sexuell ausgebeutet, ohne daß sie sich mitteilen können, oder es in ihrer Umgebung jemandem auffällt. Was muß sich ändern, damit wir sensibler die Anzeichen sexueller Gewalt bei Kindern wahrnehmen und es ihnen erleichtern, darüber zu sprechen? Der erste und wichtigste Schritt ist eine Enttabuisierung des Themas. Sexuelle Gewalt gegen Kinder sollte verstärkt in den Medien, aber auch in Universitäten, Schulen, Kindergärten thematisiert werden. Von sexuell mißbrauchten Frauen wissen wir, daß sie sich häufig erst dann jemandem anvertrauen konnten, wenn sie zum Beispiel im Radio einen Bericht darüber gehört hatten. Erst in dem Moment hatten sie das Gefühl, daß sie nicht die einzigen sind, denen so etwas passiert ist, und daß es Menschen gibt, die ihnen glauben würden. Es ist also wichtig, daß sexuelle Gewalt gegen Kinder kein Geheimnis mehr ist. Je selbstverständlicher von sexuellen Gewalterfahrungen in Kinder- und Jugendbüchern, im Radio, in der Schule etc. die Rede ist, desto größer ist die Chance, daß betroffene Kinder dazu ermutigt werden, sich jemandem anzuvertrauen. Das heißt nicht, daß Kinder und Jugendliche jetzt ständig und überall mit der Thematik des sexuellen Mißbrauchs konfrontiert werden sollten. Aber genauso selbstverständlich, wie inzwischen mit Kindern und Jugendlichen über Drogen gesprochen wird, so sollten diese auch über sexuelle Gewalt informiert sein. Natürlich reicht es nicht, das Thema zu enttabuisieren. Viele betroffene Kinder werden von dem Täter unter Druck gesetzt (z. B. durch Drohungen) oder sind in so ambivalente Gefühle verstrickt, daß sie sich niemandem anvertrauen können. Sie brauchen Erwachsene, die auf sie zugehen und sie auf mögliche sexuelle Mißhandlungen ansprechen. Wenn Kinder oder Jugendliche bestimmte Verhaltensauffälligkeiten und/oder psychosomatische Beschwerden zeigen, dann ist es an uns, nicht nur nach möglichen Eheproblemen der Eltern und Schwierigkeiten mit Freunden zu fragen, sondern auch nach sexuellen Mißbrauchserlebnissen der Kinder. Dazu müssen weitaus mehr Informations- und Beratungsmöglichkeiten für Eltern, LehrerInnen, ErzieherInnen u. a. angeboten werden. Eine Schwierigkeit besteht auch darin, daß es bisher zu wenig Möglichkeiten gibt, mißbrauchte Kinder anderswo gut unterzubringen, und auch ein Therapieangebot für betroffene Familien ist kaum vorhanden. Sexuelle Gewalt gegen Kinder aufzudecken ist aber nur dann sinnvoll, wenn entsprechende Hilfsangebote für die beteiligten Personen existieren. Andererseits werden in der Regel nur dann Gelder für Beratungsstellen und Unterbringungsmöglichkeiten zur Verfügung gestellt, wenn ein – so zynisch das klingen mag – „konkreter Bedarf" nachgewiesen werden kann. Neben der Forderung, wachsamer auf die Signale sexuell mißbrauchter Kinder zu reagieren, muß daher immer auch die Einrichtung entsprechender Hilfsangebote gefordert werden.

Was können wir aber tun, um Kinder generell vor sexuellen Übergriffen zu schützen? Ganz allgemein kann man sagen, daß eine Erziehung zur körperlichen und sexuellen Selbstbestimmung, zu Autonomie und Selbstbewußtsein präventiv wirken kann, eine Erziehung, in der Kinder Rechte haben, ernst genommen und beachtet werden. Kurz gesagt, eine Erziehung, die das Selbstbewußtsein der Kinder stärkt[1]. In den Diskussionen über sexuelle Gewalt wird manchmal behauptet, daß Jungen aufgrund einer Erziehung, die ihnen erlaubt, sich mehr durchzusetzen, aktiv zu sein und mehr Freiraum gestattet, seltener sexuell ausgebeutet würden. Aber schützt ihre spezifische Erziehung Jungen tatsächlich besser vor sexueller Gewalt? Möglicherweise werden genauso viele Jungen wie Mädchen sexuell mißhandelt[2], aber selbst wenn „nur" etwa jeder sechste bis elfte Junge sexuell mißbraucht wird, kann von „Schutz" nicht die Rede sein. Zudem ist es gerade ihre geschlechtsspezifische Erziehung, die es den Jungen erschwert, die durch die sexuellen Mißhandlungen ausgelösten Gefühle wie Angst, Ohnmacht, Trauer, Hilflosigkeit zu spüren und zu verarbeiten. Jungen werden durch ihre Erziehung nicht geschützt, sondern in ihrem emotionalen Erleben eingeengt. Es kann also nur um eine veränderte Erziehungshaltung gegenüber Mädchen und Jungen gehen. Entscheidend ist dabei, Kinder als eigenständige Personen zu respektieren. Kinder haben das Recht auf körperliche und sexuelle Selbstbestimmung. Sie selbst bestimmen, wann sie von anderen berührt, geküßt und in den Arm genommen werden. Ein Erwachsener umarmt nur selten einen anderen Erwachsenen gegen dessen Willen. Wie schnell streicheln wir dagegen ein Kind, halten es dazu an, „ein Küßchen zu geben", ohne darauf zu achten, ob das dem Kind angenehm ist. J. Korczak schreibt dazu:

„... Am schlimmsten aber sind die Liebkosungen und Küsse. Ein Händedruck, so fest, daß es weh tut. Ein ganz feuchter Kuß. Oder man wird auf den Schoß genommen. Mit welchem Recht?

Voller Ungewißheit näherst du dich den erwachsenen Gästen – man kann nie wissen, was da auf einen zukommt. Eine allgemeine Regel des Lebens lautet, man solle allen Erwachsenen gegenüber höflich sein und jeden Gast freundlich behandeln. Aber sie sollten auch ihrerseits höflich sein und einem nichts derartig Unangenehmes angedeihen lassen."[3]

Kinder dürfen „nein" sagen, wenn ihnen etwas nicht gefällt und sie sich unwohl fühlen. Es ist an uns, ihre Grenzen zu respektieren. Wenn sie beispielsweise beim Kitzeln oder Schmusen mit einem „Nein! Ich mag nicht mehr!" die Situation beenden wollen, so sollten wir dies ernstnehmen und damit aufhören. Wenn Kinder in dieser Hinsicht von Erwachsenen stärker respektiert werden, dann fällt es ihnen auch leichter, sich gegen unangenehme Berührungen zu wehren. Das Wissen: Ich darf nur angefaßt werden, wenn ich das will, stärkt ihr Selbstbewußtsein und verringert die Gefahr, daß sie sich hilflos den Wünschen eines Erwachsenen unterordnen.

Kindern die Möglichkeit zur sexuellen Selbstbestimmung zu geben, bedeutet auch, daß sie ihre eigene Form von Sexualität leben dürfen. Voraussetzung dafür ist eine altersgemäße Sexualerziehung und eine Atmosphäre, in der offen über Sexualität gesprochen werden darf und das Kind Fragen stellen kann. Über Sexualität zu sprechen, ist in vielen Familien immer noch stark tabuisiert. Es gibt Kinder, die keine Wörter für ihre Geschlechtsteile wissen, sie wissen nicht über deren Funktion Bescheid und auch sonst nichts über Sexualität. Informierte Kinder sind aber nicht so leicht zu überreden, eine sexuelle Handlung aus Neugierde mitzumachen. Und falls sie sexuell ausgebeutet werden, wissen sie, was ihnen passiert ist, und sind dadurch weniger verwirrt. Zudem fällt es ihnen leichter, das, was geschehen ist, in Worte zu fassen.

Kinder merken im allgemeinen genau, wann Zärtlichkeiten aufhören und sexuelle Übergriffe anfangen. Eine Erziehung, die Kinder stärkt, ermutigt sie, ihre Empfindungen ernst zu nehmen und ihnen zu vertrauen. Kinder, die das gelernt haben, lassen sich nicht so leicht einreden, daß sie die sexuellen Handlungen gewollt oder auch schön gefunden hätten[1]. Dagegen haben Kinder, denen von ihren Eltern mit Sätzen wie „Komm, das tut doch gar nicht so weh!", „Stell dich nicht so an!", „Ich meine es doch nur gut mit dir!" vermittelt wurde, daß ihre Gefühle in bestimmten Situationen nicht richtig sind, weniger Vertrauen in ihre eigenen Gefühle und sind deswegen leichter vom Täter manipulierbar.

Ein selbstbewußtes Kind, das gelernt hat, „nein" zu sagen, das gelernt hat, daß es sich wehren darf und kann, wird seltener Opfer sexueller Gewalt. Das bedeutet nicht, daß Kinder in jeder Situation vor sexueller Ausbeutung geschützt sind. Jedes Kind braucht Liebe und Anerkennung von Erwachsenen. In dieser Hinsicht sind sie auf Erwachsene angewiesen und von ihnen abhängig. Wir dürfen nicht vergessen, daß für Kinder, die sexuell ausgebeutet werden, dies oft die einzige Form von Zuwendung und Nähe ist, die sie erhalten. Auch deswegen kann es ihnen schwer fallen, sich aus diesen Beziehungen zu lösen.

Wenn wir versuchen, Kinder vor sexuellen Übergriffen zu schützen, so bedeutet dies nicht nur, die Kinder zu stärken, sondern auch, sich mit eigenen Verhaltensweisen auseinanderzusetzen. Je respektvoller und aufmerksamer wir mit eigenen Gefühlen und mit denen anderer Menschen umgehen, desto mehr lernen dies die Kinder durch unser Vorbild. Vor allem unser Verhalten ist es, das die Kinder prägt. Wenn Jungen beispielsweise erleben können, daß erwachsene Männer in ihrer Umgebung Gefühle zulassen anstatt sie zu verleugnen, und daß sie auch über Situationen, in denen sie sich hilflos und schwach gefühlt haben, sprechen können, dann wird es für die Jungen leichter sein, erlittene sexuelle Mißhandlungen mitzuteilen. Solange Mädchen und Jungen aber das Gefühl haben, sie seien allein, nur ihnen passiere so etwas, an ihnen sei etwas, das Erwachsene zu solch einem Verhalten provoziere, werden sie sich „unnormal“ und seltsam fühlen, und den sexuellen Mißbrauch als ein Geheimnis für sich behalten. Erst wenn sie spüren, daß sie nicht allein sind, daß Erwachsene ihnen vorbehaltlos glauben, ihnen zuhören wollen und sie vor weiteren Übergriffen schützen, wird es für sie möglich sein, das Schweigen zu brechen.

Nachwort

Wenn wir lernen zu sprechen,
die Sprachlosigkeit zu brechen,
das Erlebte zu verstehen:
sind die Ohren taub,
das Gehörte tabu.

Aber unsere Sprache ist verschieden:
Man muß uns hören, wenn wir nichts sagen,
uns sehen,
wo wir nicht sind.

Wo ist die Ebene, in der
unsere Sprache zu Bildern,
die Träume zu Tänzen,
das Schweigen zu Musik werden?

Unsere Sprachlosigkeit aufgehoben
wird
zur Anklage,
bevor es zu spät ist?

Die Sprachlosigkeit ist es,
die uns nochmals zu Opfern macht,
zu Opfern ohne Sprache.

J. am 20. 8. 1989.

Anhang

Anmerkungen

Vorwort

1 „Mädchen müssen lernen, wo ihre Rechte anfangen, Jungen müssen lernen, wo ihre Rechte aufhören." Braun, G.: Elternarbeit im Kindergarten – Möglichkeiten der Prävention. In: Sexueller Mißbrauch im Kindesalter. (Hrsg.: Walter, J.) Edition Schindele, Heidelberg. 1989, S. 193.

1. Kapitel

1 Korczak, J.: Verteidigt die Kinder! GTB Siebenstern, Gütersloh, 1987.
2 Masson, G.: Was hat man dir, du armes Kind, getan? Sigmund Freuds Unterdrückung der Verführungstheorie. Rowohlt, Reinbek, 1986.
3 Finkelhor, D.: Child Sexual Abuse. Free Press, London, 1984.
4 Glöer, N.: Sexueller Mißbrauch von Jungen. Unveröffentl. Diplomarbeit, Psychologisches Institut der Albert-Ludwigs-Universität Freiburg i. Br., 1988.
5 Enders, U./Sinone, S.: Ein Junge weint doch nicht! Stadtrevue, 12, 1989, S. 44–47.
6 Porter, E.: Treating the young male victim of sexual assault: Issues and intervention strategies. Safer Society Press, Syracuse, New York, 1986.
7 Kavemann, B./Lohstöter, I.: Väter als Täter. Rowohlt, Reinbek, 1984.
8 Steinhage, R.: Sexueller Mißbrauch an Mädchen. Ein Handbuch für Beratung und Therapie. Rowohlt, Reinbek, 1989.
9 Rijnaarts, J.: Lots Töchter. Über den Vater-Tochter-Inzest. Claassen, Düsseldorf, 1988.
10 Glöer, N.: Sexueller Mißbrauch von Jungen. Pro Familia Magazin, 2, 1989, S. 13–15.
11 Miller, A.: Du sollst nicht merken. Variationen über das Paradies-Thema. Suhrkamp, Frankfurt, 1981.
12 Rogers, C. M./Terry, T.: Clinical Intervention with Boy Victims of Sexual Abuse. In: Victims of Sex Aggression. Treatment of Children,

Women and Men. (Hrsg.: Stuart, I. R./Greer, J. G.) Van Nostrand Reinhold Verlag, New York, 1984. S. 91–104.
13 Sebold, J.: Indicators of Child Sexual Abuse in Males. Social Casework, 2, 1987, S. 75–80.
14 Baurmann, M. C.: Sexualität, Gewalt und die Folgen für das Opfer. BKA Forschungsreihe, Wiesbaden, 1985.
15 Saller, H.: Sexueller Mißbrauch von Kindern – ein soziales Problem. Aus: AGEF, Sonderheft „Sexueller Mißbrauch von Kindern". Bonn, 1986, S. 15–33.
16 Rust, G.: Sexueller Mißbrauch – ein Dunkelfeld in der Bundesrepublik Deutschland. Aufklärung, Beratung und Forschung tun not. Aus: Sexueller Mißbrauch von Kindern in Familien. (Hrsg.: Backe, L. u. a.) Deutscher Ärzte-Verlag, Köln, 1986, S. 7–20.
17 Fürniss, T.: Sexueller Mißbrauch von Kindern. Unveröffentl. Vortrag vom 21. 1. 1989 in Bad Segeberg.
18 National Center on Child Abuse and Neglect (NCCAN): Study Findings: National Study of the Incidence and Severity of Child Abuse and Neglect. U.S. Department of Health and Humane Services, 1981.
19 Finkelhor, D.: Sexually Victimized Children. Free Press, New York, 1979.
20 Cook-Woods, S./Self Dean, K.: Implications of the Findings of the Sexual Abuse of Males Research. Workshop presented at Child Welfare League of America, Inc. Southern Regional Conference, Gatlinburg, Tennessee, 14. 5. 1985.
21 Groth, N.: Men who Rape. The Psychology of the Offender. Plenum Press, New York, 1979.
22 Krug, I.: Hintergründe und Motivation bei sexuellem Mißbrauch an Mädchen und Jungen, unter besonderer Berücksichtigung der Täterseite. Unveröffentl. Diplomarbeit, Psychologisches Institut der Albert-Ludwigs-Universität Freiburg i. Br., 1989.
23 Korczak, J.: Verteidigt die Kinder! (1933/34). GTB Siebenstern, Gütersloh, 1987, S. 71.

2. Kapitel

1 Roane, T. H.: Boys as Victims of Sexual Assault. Unveröffentl. Manuskript, 1986.
2 Fürniss, T.: Diagnostik und Folgen von sexueller Kindesmißhandlung. Unveröffentl. Vortrag am 21. 1. 1989 in Bad Segeberg.
3 Bott, H.: Methodische und fachliche Hilfen für in der Praxis direkt betroffene Mitarbeiter/-innen. In: Dokumentation zur Fachtagung „Sexueller Mißbrauch von Kindern“ vom 26. 11. 1987 in Karlsruhe. Beiträge zur Sozial- und Jugendhilfe in Karlsruhe, Nr. 28, 1987, S. 72.
4 Porter, E.: Treating the Young Male Victim of Sexual Assault: Issues and Intervention Strategies. Safer Society Press, Syracuse, New York, 1986.
5 Finkelhor, D.: Sexually Victimized Children. Free Press, London, 1979.
6 Talbert, M.: Das Messer aus Papier. Anrich Verlag, Kevelaer, 1989, S. 130.
7 Pierce, R./Pierce, L. H.: The Sexually Abused Child. A Comparison of Male and Female Victims. Child Abuse and Neglect, Vol. 9, 1985, S. 191–199.
8 Finkelhor, D./Browne, A.: Initial and Long-term Effects. A Conceptual Framework. In: Finkelhor, D. & Associates: A Source Book of Child Sexual Abuse. Sage, Beverly Hills, CA, 1986, S. 180–198.
9 Sebold, J.: Indicators of Child Sexual Abuse in Males. Social Casework, 2, 1987, S. 75–80.
10 Lew, M.: Victims No Longer. Men Recovering from Incest and Other Sexual Child Abuse. Nevraumont Publishing Co, New York, 1988.
11 Rogers, C. M./Terry, T.: Clinical Intervention with Boy Victims of Sexual Abuse. In: Victims of Sex Aggression. Treatment of Children, Women and Men. (Hrsg.: Stuart, I. R./Greer, J. G.) Van Nostrand Reinhold Verlag, New York, 1984, S. 91–104.
12 Sgroi, S.: Handbook of Clinical Intervention in Child Sexual Abuse. Lexington Books, Toronto, 1982.

3. Kapitel

1 Sgroi, S.: Handbook of Clinical Intervention in Child Sexual Abuse. Lexington Books, Toronto, 1982.
2 Sebold, J.: Indicators of Child Sexual Abuse in Males. Social Casework, 2, 1987, S. 75–80.

3 Pierce, R/Pierce, L. H.: The Sexually Abused Child. A Comparison of Male and Female Victims. Child Abuse and Neglect, Vol. 9, 1985, S. 191–199.
4 Pierce, L. H.: Father-Son Incest: Using the Literature to Guide Practice. Social Casework, 2, 1987, S. 67–74.
5 Larson, N. R.: Familientherapie mit Inzestfamilien. In: Sexueller Mißbrauch von Kindern in Familien. (Hrsg.: Backe, L. u. a.). Deutscher Ärzte-Verlag, Köln, 1986, S. 104–117.
6 Rogers, C. M./Terry, T.: Clinical Intervention with Boy Victims of Sexual Abuse. In: Victims of Sex Aggression. Treatment of Children, Women and Men. (Hrsg.: Stuart, I. R./Greer, J. G.). Van Nostrand Reinhold Verlag, New York, 1984, S. 91–104.
7 Lew, M.: Victims No Longer. Men Recovering from Incest and Other Sexual Child Abuse. Nevraumont Publishing Co, New York, 1988.
8 Groth, N.: Men who Rape. The Psychology of the Offender. Plenum Press, New York, 1979.

4. Kapitel

1 Finkelhor, D.: Sexually Victimized Children. Free Press, New York, 1979.
2 Thomas, J. N./Roger, C. M.: A Treatment Program for Intrafamily Juvenile Sexual Offenders. In: The Sexual Aggressor: Current Perspectives on Treatment. (Hrsg.: Stuart, I. R./Greer, J. G.) Van Nostrand Reinhold Verlag, New York, 1983, S. 127–143.
3 Abel, G./Mittelmann, M./Becker, J. V.: Sexual Offenders: Results of Assesments and Recommendations of Treatment. In: Clinical Criminology. (Hrsg.: Ben-Aron, M. H./Hucker, S. J./Webster, C. D.) Clarke Insitute of Psychiatry, Toronto, 1985, S. 191–206.
4 Lane, S./Beavers, J.: Sexually Abused, yet Sexually Abusive: Treatment of the Juvenile Sex Offender. Unveröffentl. Manuskript, 1985.
5 Knopp, F. H.: Introduction. In: Porter, E.: Treating the Young Male Victim of Sexual Assault. Safer Society Press, Syracuse, New York, 1986, S. 1–26.
6 Krug, I.: Hintergründe und Motivation bei sexuellem Mißbrauch an Mädchen und Jungen, unter besonderer Berücksichtigung der Täterseite. Unveröffentl. Diplomarbeit, Psychologisches Institut der Albert-Ludwigs-Universität Freiburg i. Br., 1989.

7 Bieler, M.: Still wie die Nacht. Memoiren eines Kindes. Hoffmann und Campe, Hamburg, 1989.
8 Lew, M.: Victims No Longer. Men Recovering from Incest and Other Sexual Child Abuse. Nevraumont Publishing Co, New York, 1988.
9 Matthews, R./Kinder-Matthews, J./Speltz, K.: Female Sexual Offenders: An Exploratory Study. Unveröffentl. Manuskript, 1988.
10 McCarthy, L. M.: Mother-Child-Incest: Characteristics of the Offender. Child Welfare, 65(5), 1986, S. 447–458.
11 Groth, N. A.: The Incest Offender. In: Sgroi, S.: Handbook of Clinical Intervention in Child Sexual Abuse. Lexington Books, Toronto, 1982, S. 215–240.
12 Marquit, C.: Der Täter. Persönlichkeitsstruktur und Behandlung. In: Sexueller Mißbrauch von Kindern in Familien. (Hrsg.: Backe, L. u. a.) Deutscher Ärzte-Verlag, Köln, 1986, S. 118–136.

5. Kapitel

1 Roane, T. H.: Boys As Victims of Sexual Assault. Unveröffentl. Manuskript, 1986.
2 Sgroi, S.: Handbook of Clinical Intervention in Child Sexual Abuse. Lexington Books, Toronto, 1982.
3 Fürniss, T.: Diagnostik und Folgen von sexueller Kindesmißhandlung. Unveröffentl. Vortrag am 21. 1. 1989 in Bad Segeberg.
4 Fürniss, T./Phil, M.: Therapeutische Interventionen bei sexueller Kindesmißhandlung. Monatszeitschrift für Kinderheilkunde, 134, 1986, S. 340–344.
5 Lew, M.: Victims No Longer. Men Recovering from Incest and Other Sexual Child Abuse. Nevraumont Publishing Co, New York, 1988.
6 Porter, E.: Treating the Young Male Victim of Sexual Assault: Issues and Intervention Strategies. Safer Society Press, Syracuse, New York, 1986.

6. Kapitel

1 Fey, E.: Von unabhängigen Müttern, starken Kindern, dem Sinn des Ungehorsams und sozialen Netzen. Prävention sexuellen Mißbrauchs an Mädchen und Jungen. In: Dem Schweigen ein Ende. (Hrsg.: Kazis, C.) Loens Verlag, Basel, 1988, S. 189–218.
2 Porter, E.: Treating the Young Male Victim of Sexual Assault. Issues and Intervention Strategies. Safer Society Press, Syracuse, New York, 1986.
3 Korczak, J.: Die Regeln des Lebens. Eine Anleitung zur Erziehung für junge Menschen und Erwachsene (1930). In: Das Recht des Kindes auf Achtung. (Hrsg.: Heimpel, E./Roos, H.) Vandenhoeck und Ruprecht, Göttingen, 1970, S. 96–165.

Kontaktadressen

Es gibt in fast jeder Stadt folgende Institutionen, die entweder eigene Beratungs- und Therapieangebote für sexuell mißbrauchte Jungen anbieten oder zumindest an entsprechende Einrichtungen weiterverweisen können:

Deutscher Kinderschutzbund
Not- und Sorgentelefone
Pro Familia
Psychologische Beratungsstellen der kirchlichen Verbände, z. B. Caritas oder Diakonisches Werk
Erziehungsberatungsstellen
Schulpsychologische Dienste
Allgemeine soziale Dienste des Jugendamtes

Daneben gibt es eine Reihe von Beratungsstellen, die sich speziell mit sexueller Gewalt gegen Mädchen und Jungen beschäftigen:

1000 Berlin 12: Kind im Zentrum, Sybelstraße 45, Telefon: (0 30) 3 24 70 90
1000 Berlin 44: Kinderschutz-Zentrum Berlin, Karl-Marx-Straße 262, Telefon: (0 30) 6 84 30 64
2000 Hamburg 20: Deutscher Kinderschutzbund, Emilienstraße 78, Telefon: (0 40) 4 91 00 07
2000 Hamburg 63: Kinder- und Jugendnotdienst, Feuerbergstraße 43, Telefon: (0 40) 6 32 00 20
2120 Lüneburg: Deutscher Kinderschutzbund, Eisenbahnstraße 9, Telefon: (04 13) 8 28 82
2300 Kiel: Kinderschutz-Zentrum Kiel, Zastrowstraße 12, Telefon: (04 31) 1 68 31
2800 Bremen 1: Kinderschutz-Zentrum Bremen, Vor dem Steintor 87, Telefon: (04 21) 70 00 37
4300 Essen 1: Deutscher Kinderschutzbund, Weberplatz 1, Telefon: (02 01) 23 40 61
4300 Essen 1: Kinderschutzhaus, Altenessenerstraße 273, Telefon: (02 01) 35 35 30
4300 Essen: Arbeiterwohlfahrt Essen, Lützowstraße 32, Telefon: (02 01) 31 20 51

4400 Münster: Zartbitter Münster, Kontakt- und Informationsstelle gegen den sexuellen Mißbrauch an Mädchen und Jungen, Rothenburgstraße 35, Telefon: (02 51) 5 84 19

4830 Gütersloh 1: Kinderschutz-Zentrum Gütersloh, Schulstraße 13, Telefon: (0 52 41) 1 49 99

5000 Köln 1: Kinderschutz-Zentrum Köln, Spichernstraße 55, Telefon: (02 21) 1 11 03

5000 Köln 41: Zartbitter Köln, Kontakt- und Informationsstelle gegen den sexuellen Mißbrauch an Mädchen und Jungen, Stadtwaldgürtel 98, Telefon: (02 21) 40 57 80

6000 Frankfurt 1: Deutscher Kinderschutzbund, Wielandstraße 31, Telefon: (0 69) 59 81 87

6500 Mainz: Kinderschutz-Zentrum Mainz, Lessingstraße 25, Telefon: (0 61 31) 61 37 37

6800 Mannheim/Rheinau: Psychologische Beratungsstelle für Kinder, Jugendliche und Eltern, Relaisstraße 164, Telefon: (06 21) 39 60 45/6

6900 Heidelberg: Kinderschutz-Zentrum Heidelberg, Gaisbergstraße 53, Telefon: (0 62 21) 1 08 19

7800 Freiburg im Breisgau: Wendepunkt, Kontakt- und Informationsstelle gegen den sexuellen Mißbrauch an Mädchen und Jungen, c/o Deutscher Kinderschutzbund, Talstraße 21, Telefon: (07 61) 7 22 00

7850 Lörrach: Frauen helfen Frauen, Notruf für vergewaltigte und sexuell mißbrauchte Frauen und Kinder (bis 14 Jahre), Röntgenstraße 3, Telefon: (0 76 21) 8 71 05

8000 München 2: Kinderschutz-Zentrum München, Pettenkoferstraße 10a, Telefon: (0 89) 55 53 56

Dritte Auflage 1990 · Siebtes bis zehntes Tausend · Printed in West-Germany · Umschlaggestaltung: Michael Keller unter Verwendung eines Fotos von Klaus Herzog · Satz: Mühlberger, Augsburg · Druck und Bindung: G. J. Manz AG, Dillingen · ISBN 3 88897 037 7